汉译世界学术名著丛书

政 治 家

〔古希腊〕柏拉图 著

溥林 译

商务印书馆
The Commercial Press
创于1897

Platon

POLITICVS

(ΠΟΛΙΤΙΚΟΣ)

本书依据牛津古典文本（Oxford Classical Texts）中
由约翰·伯内特（John Burnet）所编辑和校勘的
《柏拉图全集》（*Platonis Opera*）第 I 卷译出

汉译世界学术名著丛书
出 版 说 明

我馆历来重视移译世界各国学术名著。从 20 世纪 50 年代起，更致力于翻译出版马克思主义诞生以前的古典学术著作，同时适当介绍当代具有定评的各派代表作品。我们确信只有用人类创造的全部知识财富来丰富自己的头脑，才能够建成现代化的社会主义社会。这些书籍所蕴藏的思想财富和学术价值，为学人所熟悉，毋需赘述。这些译本过去以单行本印行，难见系统，汇编为丛书，才能相得益彰，蔚为大观，既便于研读查考，又利于文化积累。为此，我们从 1981 年着手分辑刊行，至 2022 年已先后分二十辑印行名著 900 种。现继续编印第二十一辑，到 2023 年出版至 950 种。今后在积累单本著作的基础上仍将陆续以名著版印行。希望海内外读书界、著译界给我们批评、建议，帮助我们把这套丛书出得更好。

商务印书馆编辑部

2022 年 10 月

目　录

政 治 家 ①

苏格拉底　忒俄多洛斯　客人
年轻的苏格拉底

苏格拉底：我真的对你不胜感激，因认识泰阿泰德②，忒俄多洛　257a1
斯啊，并连同认识这位客人。

忒俄多洛斯：不过，苏格拉底啊，很快你就将三倍于这地感激
我，一旦他们为你澄清了政治家以及哲学家。　　　　　　　　257a5

苏格拉底：好吧！那么，亲爱的忒俄多洛斯，我们会说我们已
经如此这般地从在各种计算方面和在几何学的各种事情方面最卓越
的人那儿听说了这点吗？

忒俄多洛斯：怎么回事，苏格拉底？　　　　　　　　　　　257b1

---

①　忒拉叙洛斯（Θράσυλλος, Thrasyllus）给该对话加的副标题是"或论王制"
（ἢ περὶ βασιλείας）。按照希腊化时期人们对柏拉图对话风格的分类，《政治家》属于
"论理性的"（λογικός）。此外，πολιτικός 一词，无论是基于词源，还是从义理上看，
译为"治邦者"都是合适的；这里仍从俗，将之译为"政治家"。［本书注释皆为译
者注。］

②　从内容和情景安排上看，《泰阿泰德》《智者》和《政治家》是依次展开的
三篇对话；这里的这位客人，即《智者》中开篇就提到的那位爱利亚客人，参见
《智者》（216a1-4）：依照昨日的约定，苏格拉底啊，我们自己已经老老实实地来
了，并且我们在这里还带来了一位客人；他的家族来自爱利亚，他是围绕在巴门尼
德和芝诺身边那些人的伙伴，而且也是一位非常有哲学家气质的人。

苏格拉底：因为你在同等的价值上设定了这三种人中的每个，而他们其实就尊荣来说彼此离得很远，远胜于你们技艺中的那种由比例而来的距离。

忒俄多洛斯：你的确说得很好，也很正当，以我们的神，苏格拉底啊，阿蒙①起誓！并且你无疑因有着好的记忆力而斥责我在计算方面的失误。我以后就此再向你讨回公道；但你，客人啊，绝不要倦于让我们满意，而是请你依次——无论你首先选择政治家，还是选择哲学家——，通过选择来详细叙述一番。

客人：好的，忒俄多洛斯！必须得这样做。只不过一旦我们已经着手之后，就一定不可以放弃，在我们抵达事情的终点之前。然而就这里的这位泰阿泰德，我该为他做点什么呢？

忒俄多洛斯：就哪方面？

客人：我们应让他休息一会儿吗，通过让这里的这位和他一起

---

① 阿蒙（Ἄμμων）是古代埃及的一位主神，忒俄多洛斯以阿蒙起誓，表明了他不是希腊本地人，而是来自其在北非的殖民地城邦。根据柏拉图在《泰阿泰德》中的相关记载，忒俄多洛斯（Θεόδωρος）是一位来自希腊北非殖民地库瑞涅（Κυρήνη，也译为"昔兰尼"）的一位几何学家，他证明了3到17（不包括17）的非平方数的根是无理数。

参见《泰阿泰德》（143d1-4）：苏格拉底：如果我更为关心在库瑞涅的那些事，忒俄多洛斯啊，那么我就会向你询问在那里的情况，并且就那里的那些人我会问：在那儿的年青人中，是否有一些在热衷于几何学或者其他某种哲学。

此外，在《泰阿泰德》（145c7-d5）中还记载了苏格拉底本人曾跟随忒俄多洛斯学习几何学方面的知识：苏格拉底：那么请你告诉我，你肯定在从忒俄多洛斯那儿学习几何学方面的某种东西吗？泰阿泰德：我肯定在。苏格拉底：还有一些属于关于天文学的，以及属于关于各种和谐和各种计算的？泰阿泰德：我的确正在努力。苏格拉底：孩子，我其实也在从这个人，以及从我认为对这些事情有所精通的其他人那儿学习。

锻炼的人，即苏格拉底，来接替他？或者你如何建议？

忒俄多洛斯：就像你说的那样，让他来接替。因为他俩还都是年青人，他俩将更为容易忍受所有的劳累，如果交替休息一下 257c10的话。

苏格拉底：而且似乎，客人啊，他俩都在某个方面同我有着某 257d1种家族关系。所以，无论如何你们都说，一个在相貌上显得同我相像，而另一个的称呼是与我同名的，并且取名就提交出了某种亲属 258a1关系①。其实我们必定总是渴望通过言说而认出那些同家族的人。于是，我自己昨天就通过言说结交了泰阿泰德，并且刚才我也已经听了他的回答②，然而，对于苏格拉底，这两者都还没有发生过呢；不 258a5过也必须得考察一下这个人。因此，让他以后回答我，而现在就来回答你。

客人：好吧！苏格拉底啊，你真的听到苏格拉底的建议了吗？

年轻的苏格拉底：是的。

客人：那么你也同意他所说的？

年轻的苏格拉底：当然。 258a10

---

① 从词源上看，苏格拉底（Σωκράτης）由形容词健全的／完好无损的（σῶς）和名词（κράτος）力量合成，而 σῶς 派生自动词（σῴζω）拯救／保全；因此，Σωκράτης 暗含着"健全的力量""保全力量"的意思。

② 昨天……刚才（χθὲς...νῦν）。"昨天"，指《泰阿泰德》中发生的事情，在该对话中，主要的交谈者是苏格拉底和泰阿泰德；"刚才"指《智者》中发生的事情，在该对话中，主要的交谈者是爱利亚的客人和泰阿泰德，而苏格拉底则是听者之一。

258b1 　　**客人**：你这一方显得没有什么阻碍，而我这一方或许就应更不用说有什么妨碍了。只不过在智者之后——如对我显得的那样——，我俩必然要彻查一番政治家。请你告诉我，我们也 ① 应当把这种人确定为那些有知识的人中间的一位呢，还是如何？

258b5 　　**年轻的苏格拉底**：就这样确定。

　　客人：那么我们必须把诸知识加以分开吗，就像当我们在考察前者时所做那样？

　　年轻的苏格拉底：也许。

258b10 　　**客人**：但是，苏格拉底啊，在我看来，肯定不是按照同样的切口来分开 ②。

　　年轻的苏格拉底：那是怎么回事？

258c1 　　**客人**：按照另外的。

　　年轻的苏格拉底：的确有可能。

　　客人：那么一个人将在何处发现通向政治术的小路呢？因为我们必须发现它，并且当我们通过分离而把它从其他那些路径移取出258c5 来后，必须在它身上印上一个理念的标记，以及必须通过在其他那些岔路身上标记一个另外的形式而使得我们的灵魂能够把全部的知识理解为是两种形式。

---

　　① 这里之所以出现"也"，那是因为在《智者》中已经做过类似的确定。参见《智者》（221d1-2）：客人：而现在，我们将把这位确定为一个一无所长的人呢，泰阿泰德啊，还是完全真正地将之确定为一个智者？

　　② 不是按照同样的切口（οὐ...κατὰ ταὐτόν...τμῆμα），也可以译为"切分不是按照同样的方式"。名词 τμῆμα 既有"砍下的部分""一段""一片"的意思，也有"切""切口"的意思。在《智者》219a 以下中，所有的"技艺"或"知识"首先被一分为二，即要么是获取术（κτητική），要么是创制术（ποιητική）。

年轻的苏格拉底：我认为这已经变成了你的工作，客人啊，而 258c10
非我的。

客人：但它也肯定应是你的工作，苏格拉底啊，当它已经对我 258d1
们变得清楚之后。

年轻的苏格拉底：你说得好。

客人：那么，算术以及其他一些和它同家族的技艺，难道不是 258d5
都从各种实践活动中剥离了出来，而是仅仅引起认识活动？

年轻的苏格拉底：是这样。

客人：而另一方面，那些关乎木工和其他所有手工的技艺，它
们无论如何都取得了知识，仿佛它与生俱来地就是内在于诸实践活
动中似的，并且这些技艺帮助诸实践活动成就出了那些通过它们才 258e1
生成出来，而以前并不是着的有形的东西。

年轻的苏格拉底：为何不是呢？

客人：那么，就请你以这种方式来分开全部的知识，通过把一 258e5
种知识称为实践性的，而把另一种知识单单称为认识性的。

年轻的苏格拉底：那就姑且同意你把这两者作为单一整体的知
识的两种形式。

客人：那么，当我们说出政治家、国王、主人，甚至管家时，
我们将把所有这些都确定为一吗，或者我们会宣称，有多少名字被
说出来了，在他们那儿的技艺也就会是多少？毋宁这样，请你随我 258e10
到这儿来！

年轻的苏格拉底：到哪儿？

客人：到这儿。如果一个人，尽管他自己只是在私下活动，却 259a1
有能力对那些服共役的医生中的某位给出建议，那么，对他来说下

面这点岂不是必然的，那就是：如他对之给出建议的那个人一样，他会被那个人的技艺所具有的同样的名字所称呼？

259a5　**年轻的苏格拉底**：是的。

　　客人：然后呢？任何一个人，尽管他自己只是一个平民，却精于规劝某个地方的做国王的人，难道我们不会说他拥有统治者本人应当已经取得的那种知识？

　　年轻的苏格拉底：我们会说。

259b1　**客人**：但那属于真正的国王的知识其实也就是王者的知识吗？

　　年轻的苏格拉底：是的。

　　客人：而那取得了这种知识的人，无论他碰巧是一个统治者，

259b5　还是一个平民，无论如何他都将根据这技艺本身而被正确地称为一个王者？

　　年轻的苏格拉底：确实正当。

　　客人：而且管家和主人是同一回事。

　　年轻的苏格拉底：为何不呢？

　　客人：然后呢？一个大家庭的模样，或者复又一个小城邦的体

259b10　量，难道它俩就统治而言真有某种不同吗？

　　年轻的苏格拉底：没有。

259c1　**客人**：那么，就我们刚才所仔细考察过的，显然某门单一的知识是关于所有这些的；而这门知识，无论一个人将之称作王者术，还是政治术，还是治家术，让我们都不要与他争吵。

259c5　**年轻的苏格拉底**：那还用说？

　　客人：然而，这点也肯定是显而易见的，那就是：任何一位国王能够去维持统治，都比较少地依靠双手和整个身体，同其灵魂的

睿智和力量相比。

年轻的苏格拉底：显而易见。

客人：那你愿意我们说，国王是更为适合于认识性的知识，而　259c10
非手艺性的和一般实践性的知识？　　　　　　　　　　　　　259d1

年轻的苏格拉底：为何不愿意呢？

客人：那么，政治术和政治家、王者术和王者，我们将把所有
这些作为一而合并到同一个形式中吗？

年轻的苏格拉底：显然。　　　　　　　　　　　　　　　259d5

客人：那我们岂不要按顺序往前走，如果在此之后我们要界定
认识性的知识的话？

年轻的苏格拉底：肯定要。

客人：请你一定要留意，看看我们是否会在其中洞察到某种关　259d10
节。

年轻的苏格拉底：请你揭示一下是何种。

客人：这种。对我们来说，一种计算性的技艺肯定向来就是着。　259e1

年轻的苏格拉底：是的。

客人：我确实认为，它绝对属于那些认识性的技艺。

年轻的苏格拉底：为何不呢？

客人：那么，一旦计算性的技艺认识到在各种数中的差别之　259e5
后，难道我们还要把比剖判被认识到的东西更多的工作赋予它？

年轻的苏格拉底：那怎么会？

客人：而且每一个总建筑师，他自己肯定不是做工的，而是工
人们的一位首领。

年轻的苏格拉底：是的。　　　　　　　　　　　　　　259e10

客人：而这肯定是由于他提供认识，而非手工劳动。

年轻的苏格拉底：是这样。

260a1　　**客人**：那么，他的确就可以正当地被称作在分有一种认识性的知识。

年轻的苏格拉底：完全如此。

客人：但我认为，下面这点也肯定属于这种人，那就是：当他
260a5　做出剖判之后，既不就万事大吉，也不可以一走了之，就像计算者
做出剖判后就一走了之那样，而是要把合适的任务分派给工人中的
每位，直到他们完成了所分派的事情为止。

年轻的苏格拉底：正确。

客人：因此，诸如此类的所有知识，以及所有那些跟随计算性
260a10　的知识的，虽然都是认识性的，但这两个家族因一个是剖判和另一
260b1　个是命令而彼此不同？

年轻的苏格拉底：它俩显得就是这样。

客人：所以，就全部认识性的知识而言，如果我们通过划分而
260b5　把一个部分称为命令性的，而把另一个部分称为判定性的，我们会
说，它已经被恰当地划分了吗？

年轻的苏格拉底：至少根据我的意见已经被恰当地划分了。

客人：而对于那些共同做某件事的人来说，大家一条心的确是
令人向往的吗？

年轻的苏格拉底：为何不呢？

260b10　**客人**：因此，只要我们俩自己共同参与这件事，那就根本无需
在意其他人的看法。

年轻的苏格拉底：那还用说？

客人：那就来吧！我们应当把王者置于这两种技艺的哪一个中 260c1
呢？我们是将之置于进行判定的技艺中吗，就像一个旁观者似的，
还是我们毋宁应将他确定为是属于发号施令的技艺的，由于他的确
在做主人？

年轻的苏格拉底：怎么可能不毋宁是后者？ 260c5

客人：于是还必须得再次看看发号施令的技艺，即它是否在某
个地方分开了。而对我来说它看起来约莫这样分开了，就像那些零
售商的技艺已经同自营者们的技艺区分开来了一样，王者的家族也 260d1
似乎已经从传令官们的家族那儿分离出来了。

年轻的苏格拉底：为何？

客人：零售商们肯定通过接受别人的一些产品——它们事先已
经被卖给了他们——而重新第二次卖它们。 260d5

年轻的苏格拉底：完全如此。

客人：那么，传令官的那个族类自己也通过接受别人的意
图——它们被命令给他们了——而重新第二次把它们命令给其他
人。

年轻的苏格拉底：非常正确。 260d10

客人：然后呢？我们将把王者的技艺同解说的技艺、水手长 260e1
的技艺、预言的技艺、传令官的技艺，以及许多其他与这些同家族
的、全都肯定能够进行发号施令的技艺混合成同一个东西吗？或者
你愿意下面这样，那就是：就像我们刚才曾比拟过的那样 ①，既然
那些自身进行发号施令的人的家族其实近乎是没名字的，那我们也 260e5

---

① 即 260c8-d1 那里把王者（βασιλικός）比拟为自营者（αὐτοπώλης）。

就以下面这种方式来分开他们，即把国王们的家族确定到自身就有
进行发号施令能力的技艺中去，而忽略所有其他的家族，容许某个
261a1　人为它们确定一个另外的名字？因为，对我们而言探究是为了统治
者，而不是为了其反面。

　　年轻的苏格拉底：当然。

　　客人：于是，既然这①已经合理地从那些中分离出来了——通
过看一个东西是出于他者还是出于自己而被区分开——，那么，复
261a5　又必然得再次分开这东西本身吗，假如我们还在这东西身上有着某
个不得不同意进行切分的切口的话？

　　年轻的苏格拉底：确实。

　　客人：而且我们显得有；不过请你通过跟随我而同我一起来进
行切分吧！

261a10　　**年轻的苏格拉底**：在哪儿进行切分？

　　客人：我们会把所有的统治者都考虑为一些此外还发布命令的
261b1　人，我们岂不将发现，正是为了某种生成他们才下令？

　　年轻的苏格拉底：那还用说？

261b5　　**客人**：而且把所有生成出来的东西分成两半，这绝对是没有任
何困难的。

　　年轻的苏格拉底：如何分？

　　客人：无论如何就它们全部来说，其中一些是无生命的，一些
则是有生命的。

　　年轻的苏格拉底：是的。

_____

　　①　"这"，即"自身进行发号施令"。

客人：而我们就是根据这些东西来切分认识性的部分中那是发 261b10
号施令的部分，假如我们愿意进行切分的话。

年轻的苏格拉底：按照什么？

客人：通过把它的一个部分指派给诸无生命的东西的各种生
成，而把另一部分指派给诸有生命的东西的各种生成；而这样一来 261c1
整体就已经被分成了两个部分。

年轻的苏格拉底：完全如此。

客人：那么，让我们把其中一个部分放到一边，而拿起另一个
部分，但当我们拿起来后让我们把它整个一分为二。　　　　　　 261c5

年轻的苏格拉底：但你在说它们两者中的哪个部分必须被拿起
来呢？

客人：毫无疑问是对动物进行发号施令的那个部分。因为，那
属于王者的知识的，肯定从不会是在监管那些无生命的东西，仿佛
属于总建筑师的那种事情似的，而是要更为高贵些，它总是在动物 261d1
中并且正是对这些东西而取得了权力。

年轻的苏格拉底：正确。

客人：就动物的产生和抚养而言，一个人肯定会看到，要么是
单个抚养，要么是对成群动物的共同照料。　　　　　　　　　　 261d5

年轻的苏格拉底：正确。

客人：然而我们将发现，政治家无论如何都不是一个进行单独
抚养的人，就像一个赶牛的人或某个马夫那样，而是更像一个牧马
人以及一个牧牛人。

年轻的苏格拉底：的确显得就是现在所说的那样。　　　　　 261d10

客人：那么，就动物抚养而言，其中对许多聚集在一起的动物 261e1

的共同抚养，我们应将之命名为一种群养呢，还是一种进行共同抚养的技艺？

年轻的苏格拉底： 两者中的任何一个在言谈中都会是合适的。

261e5　　**客人：** 说得很好，苏格拉底！并且如果你能够警惕过于把名字当回事，那么，到老年时你就会在明智方面显得更为富有。但现在必须如你所吩咐的那样来做这件事。不过就群养的技艺，你注意到262a1 下面这点了吗，那就是：一个人如何通过把它显明为是双重的而使得如今在双倍的数目中所寻找的东西，到那时仅仅在一半的数目中被寻找？

年轻的苏格拉底： 我非常愿意一试。而在我看来，对人的抚养是一种，而对野兽的抚养复又是另一种。

262a5　　**客人：** 你确实已经非常热忱和极其勇敢地做了划分；然而，让我们以后一定尽可能地不要再遭受这种事。

年轻的苏格拉底： 哪种事？

　　客人： 我们既不应把一个小小的部分取出来去面对又大又262b1 多的部分，也不应在没有形式的情况下就将之取出来，而是应让每个部分同时具有各自的形式。因为，径直把被寻找的东西从其他东西那儿分离出来——假如分离是正确的话——，这诚然是最美好的事情，就像刚才你以为你有正确的划分于是就催促我们进行讨论，因为你看到讨论正在前往人那里；然而，朋友啊，研磨262b5 成细末并不稳当，穿过中间进行切分则可靠得多，并且以这种方262c1 式一个人也更可能遇见理念。而对于探究来说这使得一切都大不相同。

年轻的苏格拉底： 客人啊，你为何这么说呢？

　　客人：我必须得更加清楚地进行说明，基于对你天资的好感，
苏格拉底啊。虽然现在就摆在面前的事情来说，没有缺憾地加以澄　262c5
清，这是不可能的；但为了清楚起见，我必须尝试在某种程度上把
它略微更多地往前推进一点。

　　年轻的苏格拉底：那么你究竟在说何种东西，由于我们在进行
划分时刚才做得不正确？

　　客人：就是像下面这样的事情：例如，如果一个人，当他尝　262c10
试把人的族类一分为二时，他会就像这里的许多人进行划分那样来　262d1
划分，即他们一方面把希腊民族作为一从其他所有民族那儿分离出
来，另一方面，所有其他的民族——它们是无限的，并且彼此不可
混杂和不使用同一种语言——，他们用一个称呼把它们成为野蛮民　262d5
族，而由于这个单一的称呼他们期待它①也是一个民族；或者，如
果一个人复又会认为，他把数分成了两种形式，通过把一万这个数
从所有其他的数那儿切分出来，当他将一万这个数作为一种形式分　262e1
离出来，并为剩下的全部数确定一个名字之后，由于该称呼他又再
次指望这个族类也成为了同那个族类相分离的另外一个族类。而肯
定会更好并且更是在按照形式被一分为二，如果一个人用偶数和奇
数来切分数，复又用男性和女性来切分人的族类的话；而只有到下　262e5
面这个时候他才会把吕底亚人或弗里基亚人②或一些其他的人分离
出来而将之置于所有其他的人面前，那就是，当他困惑于发现被分

---

　　① "它"，即不同于希腊民族的所有其他民族。
　　② 吕底亚人（Λυδός），生活在小亚细亚西部，濒临黑海和爱琴海；而弗里基
亚人（Φρύξ）生活在小亚细亚中西部。这两个民族在当时都典型地被视为这里所说
的"野蛮民族"（βάρβαρον）。

263a1 出来的那些东西的两方中的每一方既是一个族类同时也是一个部分时。

年轻的苏格拉底：非常正确。然而恰恰是这点，客人啊，一个人如何会比较清楚明白地认识到，族类和部分这两者不是同一的，而是彼此相异的？

263a5 **客人**：最优秀的人啊，你吩咐的可不是件小事，苏格拉底！我们甚至现在都已经比应该做的那样远离了那被提交出来的讨论，而你要求我们还要更远地离题。因此，如理应的那样，现在让我们重新回
263b1 来；不过我们以后得闲时就像追踪者一样再来探究这些事情。然而，请你真的还得非常警惕这件事，即你从不要认为你已经从我这儿听到了它——将之作为一个已经被清楚明白地界定了的东西。

年轻的苏格拉底：何者？

263b5 **客人**：族类和部分是彼此相异的。

年轻的苏格拉底：你究竟为何这么说？

客人：因为每当某个东西的一个族类是着，任何它会被称作是其一个族类的那个事情的一个部分也就必然是着；但是，一个部分
263b10 并不必然就是一个族类。苏格拉底啊，请你总是要宣称，我是这样在说，而远不是那样在说。

年轻的苏格拉底：遵命！

263c1 **客人**：那么，请你对我说明一下接下来这点。

年轻的苏格拉底：哪点？

客人：由之把我们带到这儿的离题的那点。因为我认为正是在
263c5 那点上，由此你被问群养应该如何被划分开，而你非常勇敢地说动物的族类是两个，一个是人的族类，而另外那个单一的族类则包含

其他所有的野兽。

年轻的苏格拉底：确实。

客人：并且那时下面这点也的确对我是清楚的，那就是，当你取出一个部分后，你认为复又能够把剩下的作为单一的族类留下 263c10
它包含其他所有的，因为你能够为它们全部起同一个名字，你将之 263d1
称作野兽。

年轻的苏格拉底：这也是如你说的这样。

客人：但其实，所有人中最勇敢的人啊，很可能，如果在某个地方另外某个动物也是明智的，如鹤这个族类所显得的那样，或者 263d5
诸如这样的其他某个族类，它也或许就像你一样同样地用名字来做出区分，即通过一方面把鹤确定为与其他动物相对立的一个单一族类，并美化它自己，另一方面把连同人在内的其他所有动物集合成同一个族类，或许除了把它们称为野兽之外不会称为任何别的。因 263e1
此，让我们试着非常小心所有这类事情。

年轻的苏格拉底：究竟该怎样做呢？

客人：通过不要一上来就去划分动物的整个族类，由此我们就会较少地遭受这点。

年轻的苏格拉底：确实不应该。 263e5

客人：其实甚至在那时 ① 也正是以这种方式而出了错。

年轻的苏格拉底：究竟为什么？

客人：在认识性的知识中，所有进行发号施令的部分对我们来说肯定向来是属于动物抚养的族类的，而且是关乎成群的动物的抚

---

① 参见 261d。

养。是这样吗？

263e10　**年轻的苏格拉底**：是的。

264a1　**客人**：因此，甚至在那时所有的动物也已经通过温驯和凶野而被分开。因为那些在本性上能够被驯化的，被称作温驯的；而那些不情愿被驯化的，则被称作凶野的。

年轻的苏格拉底：说得好。

264a5　**客人**：而我们正在猎取的这门知识，不仅向来是，而且现在也是在关乎那些温驯的动物，它甚至必须针对成群的牲畜而被寻找。

年轻的苏格拉底：是的。

客人：因此，让我们既不要像刚才那样进行划分，即一上来就盯住全部的动物，也不要匆匆忙忙进行划分，仅仅为了我们能够快

264b1　速地靠近政治术。因为它甚至现在就已经使得我们遭受了谚语所说的那种经历。

年轻的苏格拉底：哪种？

客人：由于没有好好地进行划分，结果是欲速则不达。

264b5　**年轻的苏格拉底**：客人啊，它确实也已经很好地达成了这点[①]。

客人：姑且同意。但现在让我们尝试再次从新开始划分共同抚养的技艺；因为，或许谈话本身，一旦它结束，甚至就将对你更好地揭示出你所渴望的那种东西；也请你对我解释一下这点。

264b10　**年轻的苏格拉底**：究竟哪点？

264c1　**客人**：这点，即你或许已经从一些人那儿听说过的；因为我知

---

① 这句话背后的意思是，前面为了尽快弄清楚政治术而导致的离题给了我们一个很好的教训。

道你自己肯定从未曾有机会碰到在尼罗河中对鱼的各种驯养以及在波斯王的湖泊中对它们的驯养。当然，或许你已经在一些喷水池中观察到过。

年轻的苏格拉底：我的确已经看到过后者，也从许多人那儿听　264c5
说过前者。

客人：而且就养鹅以及养鹤来说，即使你未曾在忒塔利亚[①]的平原漫游过，那你至少也已经了解到过，并相信有这两回事。

年轻的苏格拉底：那还用说？

客人：真的，正是为了下面这点我才问你所有这些，那就是：　264d1
就对成群动物的抚养来说，一方面是关乎水中的，一方面则是关乎陆行的。

年轻的苏格拉底：确实是这样。

客人：那么，你也同意下面这样做吗，那就是：我们应当以这　264d5
种方式把共同抚养的知识一分为二，把它的两个部分中的每一个部分指派给这两者中的每一个，把一个命名为关乎水中动物抚养的，而把另一个命名为关乎陆行动物抚养的？

年轻的苏格拉底：我肯定同意。

客人：而且这样一来，我们也就不再去寻找王者的家族是　264d10
属于两种技艺中的哪一个了；因为这确实对于每个人来说都显而　264e1
易见。

――――――――――

①　忒塔利亚（Θετταλία）也拼作 Θεσσαλία，故也译为帖撒利亚。它是位于希腊北部的一个地区，克里同曾劝苏格拉底逃亡到那里；参见《克里同》（45c2-4）：如果你愿意前往忒塔利亚，我在那儿有一些会非常看重你并为你提供安全的异乡朋友，因此在整个忒塔利亚人那儿，无人会使你感到痛苦。

年轻的苏格拉底：那还用说？

客人：而每个人也肯定进而会把群养中那关乎陆行动物抚养的族类加以分开。

264e5　**年轻的苏格拉底**：如何分？

　客人：通过用有羽翼的和用足走的来进行分。

　年轻的苏格拉底：非常正确。

　客人：然后呢？政治家的族类岂不必须在用足走的族类中寻
264e10　找？或者，你不认为，即使最没有头脑的人几乎可以说也这样持有看法？

　年轻的苏格拉底：我肯定会。

　客人：而牧养用足走的动物的技艺，就像一个偶数那样，也应当显明为被一分为二。

　年轻的苏格拉底：显然。

265a1　**客人**：而且我们的讨论已经动身前往一个部分，而它似乎看到了通向那儿的两条伸展开来的路：一条路较快，因为在一个大的部分面前它把自己分到一个小的部分中；而另一条路，就像我们在
265a5　前面曾说过应当尽可能地从中间分开，它毋宁就是这样，不过比较长。因此，无论我们愿意选择这两条路中的哪一条，对我们来说都能够由之往前走。

　年轻的苏格拉底：怎么回事？不能够两条路都走吗？

　客人：同时走两条路，你太奇怪了！然而，依次走两条路，这显然是可能的。

265b1　**年轻的苏格拉底**：那么，我肯定就只好依次选择两者了。

　客人：那很容易，既然剩下的路已经不长。然而，在开始的

时候，以及当我们还是在旅程中间的时候，你的要求对我们来说会是困难的。但现在，既然这样决定了，那就让我们先走较长的那条路；因为，当我们还是比较精力充沛的时候，我们将比较容易走完 265b5
它。那么，请你看看接下来的划分。

年轻的苏格拉底：你说吧！

客人：对我们来说，所有那些群居的温驯动物中的用足走的，凭借某种自然而已经被一分为二了。

年轻的苏格拉底：凭借何种？ 265b10

客人：凭借这种：其中一些的出生方式是无犄角的，而一些的则是有犄角的。

年轻的苏格拉底：显然。 265c1

客人：那么，请你通过把牧养用足走的动物的技艺分开而将之赋予两个部分中的每个部分，而且是使用一种说明。因为，如果你想对它们进行命名，那么对你来说那将比应然的更为错综复杂。

年轻的苏格拉底：那应该如何说明呢？ 265c5

客人：这样：当牧养用足走的动物的知识被一分为二后，其中一个被指派给了那群动物中的有犄角的部分，而另一个则被指派给了无犄角的一群这个部分。

年轻的苏格拉底：姑且同意这样被说；因为无论如何都已经充 265d1
分地被显明了。

客人：而且对我们来说下面这点复又是清楚明白的，那就是，国王肯定是在牧养某群被截去了犄角的动物。

年轻的苏格拉底：怎么可能不是显而易见的呢？ 265d5

客人：那么，让我们通过继续把这也扯断而尝试把那本属于他的东西赋予他。

年轻的苏格拉底：当然。

265d10 **客人**：那么，你想通过偶蹄和所谓的奇蹄来划分它呢，还是通过杂交繁殖和非杂交繁殖来划分它？你肯定理解这点。

年轻的苏格拉底：哪点？

265e1 **客人**：即能够互相生育，这生来就是属于马和驴的。

年轻的苏格拉底：是的。

265e5 **客人**：然而，还剩下的一群头上光滑的温驯动物，在族类上彼此是不可混杂的。

年轻的苏格拉底：那还用说？

客人：然后呢？政治家显得是在关心一种杂交生的产物呢，还是在关心某种非杂交生的产物？

年轻的苏格拉底：显然是关心不可混交的产物。

265e10 **客人**：那么，我们应当像前面那样，看起来是合理的，把这也一分为二。

年轻的苏格拉底：的确应当。

266a1 **客人**：而且动物，所有那些温驯的和群居的，除了两个族类之外差不多全都已经被切细了。因为，狗这个族类不值得被算在群居的牲畜中①。

266a5 **年轻的苏格拉底**：的确不。但我们究竟应该通过什么来分开剩

———————

① 关于这句话有各种各样的理解，最简单的理解是：狗既能够是温驯的，也能够是群居的，但不能并存；因为一条狗是温驯的，而成群的狗则是凶野的。

下的这两者呢？

客人：也就是用泰阿泰德和你曾用来恰当地进行分开过的那种方式，既然你俩也都在致力于几何学。

年轻的苏格拉底：何种？

客人：无疑通过正方形的对角线，然后再通过对角线的对角线。 266a10

年轻的苏格拉底：你为何这么说？

客人：我们人这个族类已经取得的那种本性，难道还以某种其 266b1
他的方式生来成为了走路的，除了像在平方上是两足长的对角线 ①
一样之外？

年轻的苏格拉底：别无其他。

客人：而且剩下的那个族类的本性，再次根据平方来看，肯定 266b5
复又是我们的平方所构成的正方形的对角线 ②，假如它生来就已经是
两足长的两倍的话。

年轻的苏格拉底：为何不是呢？而我其实差不多理解了你想阐明的事情。

客人：而除了这些之外，另外某种东西——它作为玩笑而广受 266b10
欢迎——，苏格拉底啊，我们看到它已经出现在了我们的划分中吗？ 266c1

---

① 在平方上是两足长的对角线（$\dot{\eta}$ διάμετρος $\dot{\eta}$ δυνάμει δίπους），如果把"两足长"简单理解为2，那么用现代数学来表示，即对角线自身的长度是$\sqrt{2}$，而该正方形的边长为1。这里如《泰阿泰德》中一样，是在用几何学谈算术问题。名词 δύναμις 的本意指"能力"，用于数学上则指"乘方"，相当于拉丁文的 potestas，德文的 Potenz 和英文的 power；鉴于这里的讨论，将之译为"平方"，即指数为2的乘方。

② 按照前面所讲，即以前一个正方形的对角线$\sqrt{2}$为边长所形成的面积为2的正方形的对角线；该正方形的对角线也为2，进而由该对角线2为边长所形成的正方形的面积为4。

年轻的苏格拉底：哪种东西？

客人：这种东西：我们那属人的族类，已经同诸是着的东西中
266c5　最优秀的，同时又最无忧无虑的族类①，通过抽签而被分派了到一起
并一道奔跑。

年轻的苏格拉底：我也看到这非常奇怪地发生了。

客人：怎么回事？最慢的最后②到达，这岂不是合理的？

年轻的苏格拉底：是合理的，肯定如此。

266c10　**客人**：然而，难道我们没有注意到下面这点吗，那就是：国
266d1　王其实还要显得更为可笑些，当他同他的牧群一起奔跑，并且他
的步伐还得跟上众人中那也为了无忧无虑的生活而被训练得最好
的人③？

年轻的苏格拉底：完全如此。

客人：于是，苏格拉底啊，那时在关于智者的探究中所说的那

---

① 即"猪"（ὖς）这个族类。形容词 εὐχερής 除了具有"无忧无虑的"意思之
外，还有"寡廉鲜耻的""漠不关心的""漫不经心的"等意思。鉴于这里是在进行
讽刺，故不直接取其贬义的意思，而直接译为"无忧无虑的"。

② 最后（ὕστατα），这是一个双关语，暗指猪（ὖς）。

③ （τῷ τῶν ἀνδρῶν αὖ πρὸς τὸν εὐχερῆ βίον ἄριστα γεγυμνασμένῳ）人中那也为
了无忧无虑的生活而被训练得最好的，即"猪倌"或"养猪的人"，这里是在把国
王比为"猪倌"（συβώτης）。这显然是一种讽刺，尤其是也（αὖ）这个词表明了这
点，因为前面 266c4-5 已经说到"猪"是"诸是着的东西中最优秀的，同时又最无
忧无虑的族类"。

关于国王和猪倌的类比，还可参见《泰阿泰德》（174d3-e2）：因为，当一位僭
主或国王受到颂扬时，他认为就像听到牧人中的一位，如一位猪倌、一位羊倌或某
位牧牛人，因为挤奶很多而可称幸福一样。但他认为同那些牧人相比，他们牧养和
挤奶的，是一种更为折磨人的和更为奸诈的动物；他们认为这样一种人也由于缺乏
闲暇而必然变得同牧人们一样粗野和缺乏教养，只不过他在自己四周修的是城墙，
而不是山上的围栏。

点 ①，现在是更为清楚的了。 266d5

年轻的苏格拉底：哪种东西？

客人：对于各种言说的这种方法来说，它既不会关心那较为庄重的东西多于不那么庄重的东西，也不会低估那比较细微的东西——同那较重大的相比——，而总是根据它自身来达成那些最真的。

年轻的苏格拉底：看起来是这样。 266d10

客人：那么在这之后，为了你不因问下面这点而抢在我前面，266e1 即前往国王的定义的那条最短的路那时究竟是哪条路，我自己可以走在你前面吗？

年轻的苏格拉底：完全可以。

客人：那么我说，那时应当立即就把用足走的族类根据两足的之于四足的而划分开来，而当看到人的族类仅仅还通过抽签而同能 266e5 够飞的族类分派到一起时，就再次用身上光溜溜的族类和生有羽翼的族类把两足的那群切分开来；而当它被切分开后，那时牧养人的技艺也就已经被显明出来了，于是把政治家和王者引出来，将之如一个掌握缰绳的人一样任命给它，应当把城邦的缰绳作为他自己的 266e10 交到他手上，因为这门知识就是他的知识。

年轻的苏格拉底：说得好，并且就像债务一样你把说明还给了 267a1 我，你还加上了离题——好像一份利息似的——，并由此使它变得

---

① 参见《智者》（227a7–b6）：关于各种言说的方法，它其实对海绵擦拭术的关心，较之于药，既不更少些，也不更多些，即使在进行净化时，一个帮助我们小，而另一个帮助我们大。因为，由于它只是为了取得洞察而尝试看清在所有技艺中相同家族的和不同家族的，为此它同等地尊敬它们全部，并且根据相似性而不会认为一些比另一些更为可笑，不会承认那凭借统兵术来显示猎取术的人，就比那通过捉虱术来显示猎取术的人，更可敬，而是最多会承认他更自负些而已。

完整。

267a5　　**客人**：那就来吧！现在让我们通过回到起点，把对政治家的技艺之名字的说明串起来，直至终点。

　　年轻的苏格拉底：当然。

　　客人：那么，在认识性的知识中，我们起初有一个发号施令的部分；而在这个部分中，通过进行比拟①而把一个小部分说成是
267b1　自身就有发号施令的能力的。而一种关乎动物抚养的技艺再次从自身就有发号施令的能力的技艺中被切分出来，但并非作为其族类中最小的。并且在关乎动物抚养的技艺中有着一种群养的形式，而在群养的形式中复又有着一种牧养用足走的动物的形式；而在牧养用足走的动物的形式中尤其被切分出了一种对无犄角的产物进行抚养的技艺。而在它那里又有一个部分，一个人必然至少以三重方式
267b5　把它编织一起，假如他想把它聚集成单一的名字的话，把它称作关于非杂交的生成物的放牧的知识。而从这里所切下的一块，当
267c1　它在两足的畜群那里作为牧养人的部分而还单独剩下来时，这恰恰就是现在正被寻找的，这同一个东西同时被称作王者的和政治家的②。

　　年轻的苏格拉底：完全如此。

267c5　　**客人**：然而，苏格拉底啊，这也真的如你刚才所说那样如此这

---

　　①　通过比拟／通过类比，即在260c那里把王者（βασιλικός）比拟为自营者（αὐτοπώλης）；见前面260c7-d2以及260e3-8。

　　②　之所以这么讲，参见前面259c1-4：那么，就我们刚才所仔细考察过的，显然某门单一的知识是关于所有这些的；而这门知识，无论一个人将之称作王者术，还是政治术，还是治家术，让我们都不要与他争吵。

般被我们达成了吗？

　　年轻的苏格拉底：究竟怎么回事？

　　客人：所提出的事情已经被完全充分地说了吗？或者正是在这
方面我们的探究尤其不足，那就是，虽然对它的说明在某种方式上　267d1
被讲出来了，但它并未被十分完满地实现？

　　年轻的苏格拉底：你为何这么说呢？

　　客人：恰恰就我刚才所想到的这点，我将试着对我俩更加清楚
地加以揭示。

　　年轻的苏格拉底：你当然得说说。　　　　　　　　　　　267d5

　　客人：那好吧！在被我们刚才所显明的许多放牧的技艺中，
政治术岂不向来就是其中的某一技艺，并且是对某一特定牧群的
关心？

　　年轻的苏格拉底：是的。

　　客人：而我们刚才的说明，把这种技艺界定为既不是对马的　267d10
抚养，也不是对其他野兽的抚养，而是一种关于人的共同抚养的
知识。

　　年轻的苏格拉底：是这样。

　　客人：那么，就让我们来看看在国王们和所有其他牧人之间的　267e1
不同。

　　年轻的苏格拉底：何种不同？

　　客人：是否一个拥有一种其他技艺之名字的人面对其他牧人
中的任何一位，他宣称和自诩同那人一起是牧群的一位共同抚　267e5
养者。

　　年轻的苏格拉底：你为何这么讲？

　　客人：例如，商人、农民和所有做食物的人，除了这些之外还有体育教练和医生这个家族，你知道下面这点吗，那就是，面

268a1　对我们已经将之称为政治家的那些关乎各种人事的牧人，所有这些人都完完全全会在言词上坚决主张：他们也在关心人的抚养，不仅关心那些普通群居的人的抚养，而且关心统治者们本人的抚养？

　　年轻的苏格拉底：那他们岂不说得正确？

268a5　**客人**：或许吧。我们还会检查这点的，但我们肯定已经知道下面这点，那就是：无论如何都无人将同一位饲养牛的人争论这些事情中的任何一件，相反，牧牛人自己就是牧群的抚养者，他自己就

268b1　是医生，他自己仿佛就是媒人，并且在涉及后代的生产和分娩方面他是唯一精通助产术①的人。此外，就他的牲畜在本性上就已经参与到了游戏和音乐中所达到的程度而言，没有其他人比他更强于劝

268b5　慰它们和通过诱惑来使它们平静，无论是借助一些乐器还是单纯靠嘴，他都最好地演奏出属于他的畜群的音乐来。而且这同一种方式也适用于其他的牧人。是这样吗？

　　年轻的苏格拉底：非常正确。

---

　　① 关于"助产术"（ἡ μαιευτική），详见《泰阿泰德》（149a-151d）；尤其参见（149c5-d8）：苏格拉底：因此，下面这点岂不也是理所当然和必然的，那就是：产婆们比其他任何人都更为知道妇女们怀孕与否？泰阿泰德：肯定。苏格拉底：而且产婆们也的确通过给药和唱咒语，能够激发分娩的阵痛，如果她们愿意，也能够使之缓和；她们当然也帮助那些难产的妇女生产，如果看起来需要流产，她们也进行流产。是这样吗？泰阿泰德：是这样。苏格拉底：此外，关于她们你还觉察到过这点吗，即她们都是一些最聪明的媒人，因为她们对于下面这点是极为智慧的，那就是了解何种女人应该同何种男人在一起，以便生出最好的孩子？

客人：那么，我们关于国王的说明怎么会显得是正确的和纯粹的呢，每当我们仅仅把他确定为人群的牧人和抚养者而将他从其他 268c1 成千上万和他争论的人那里分离出来时？

年轻的苏格拉底：绝不。

客人：那么，不久前我们的担心岂不就是正确的，当我们怀 268c5 疑，我们虽然成功地说明了王者的某种形象，但我们其实根本就还没有精确地实现对政治家的说明，直到完成下面这点为止：把那些团团围住他并为了共同牧养而与之竞争的人剥离出来，而一旦我们把他同那些人分离开来后，我们就会纯然单单地把他自己揭示出来？ 268c10

年轻的苏格拉底：的确非常正确。 268d1

客人：那么，苏格拉底啊，我们必须这么行事，除非我们打算最终让我们的说明丢脸。

年轻的苏格拉底：无疑绝对不可以这样做。

客人：那么我们就必须再次从另外的起点出发，沿着另外某条 268d5 道路行走。

年轻的苏格拉底：究竟哪条路？

客人：通过混入一个近乎儿戏的东西；因为我们首先必须借助于一个宏大的故事的长长的部分，而在剩下的时间里，就像在前面 268e1 那样，通过不断地取走一个又一个的部分而抵达被寻找的东西之极点。岂不应该这样？

年轻的苏格拉底：当然。

客人：那么，就请你要非常留意我的故事，仿佛孩子们似的； 268e5 毫无疑问，你不玩儿戏其实也没多少年。

年轻的苏格拉底：你只管说那个故事吧！

客人：好吧。在那些古老的传说中，曾经有并且还将有许许多多各种各样的故事，当然，其中一个被讲的是关于阿特柔斯和提厄斯忒斯①之间纷争的预兆。你肯定已经听说过并记得它们说那时所发生的事情。

268e10

年轻的苏格拉底：或许你在显示关于金毛羊羔的那个征兆②。

269a1　　**客人**：绝不是，而是关于太阳和其他星辰的下沉和升起的改变，也即是说，它现在由之升起之处，那时它向着这种地方下沉，

269a5　　而它从相反的地方升起③；而那时当神为阿特柔斯作证之后，他把它改变成了现在这个样子。

年轻的苏格拉底：这也的确被说过。

客人：而且我们还进而从许多人那里听说过克洛诺斯④所统治的那个王国。

---

① 阿特柔斯（Ἀτρεύς）是迈锡尼国王，特洛伊战争希腊统帅阿伽门农（Ἀγαμέμνων）的父亲；而提厄斯忒斯（Θυέστης）是阿特柔斯的兄弟。

② 关于阿特柔斯和提厄斯忒斯之间金毛羊羔的故事，可参见欧里庇得斯的《厄勒克特拉》（Electra）699-745，以及《俄瑞斯忒斯》（Orestes）988-1006。

③ 希罗多德在其《历史》中也记载过在埃及发生过类似的事情，参见历史（2.142.14-17）：因此，他们说在这个时期太阳四次反常地升起：现在在那里下沉的地方，两次从那里升起；而现在之升起的地方，两次在那儿下沉。

④ 宙斯的父亲是"克洛诺斯"（Κρόνος），而克洛诺斯的父亲是"乌拉诺斯"（Οὐρανός）。克洛诺斯在他母亲的帮助下，阉割了他父亲乌拉诺斯而取得了统治权。克洛诺斯由于害怕被自己的孩子推翻，每当生下一个孩子，就将之吞食掉，只有当宙斯降生时，他的母亲设计骗过了克洛诺斯而得以幸存，宙斯长大后推翻了克洛诺斯，将之关在地狱中。此外，根据赫西俄德的《工作与时日》（110以下），克洛诺斯的统治时期被称为"黄金时期"，这一时期的人类被称为"黄金种族"（χρύσεον γένος），其后是过渡的"白银种族"（ἀργύρεον γένος），然后是宙斯所创造的"青铜种族"（χάλκειον γένος）。

年轻的苏格拉底：确实从非常多的人那里听说过。　　　　269b1

客人：然后呢？也听说过从前一些人从地里生长出来，并且不从彼此产生？

年轻的苏格拉底：这也是那些古老传说中的一个。

客人：那好，其实所有这些都是从同一种情状而来，并且除了　269b5
这些之外还有其他成千上万比这些离奇得多的；但由于年代久远，
其中一些已经消失，一些则因已经变得支离破碎而各自都互相分开
来被述说。但对于所有这些来说是其原因的那个情状，却无人述　269c1
说，因而现在必须得讲讲。因为，一旦它被说了出来，将同我们对
国王的揭示相适合。

年轻的苏格拉底：你说得非常好，请继续说，而不要遗漏任何
东西。

客人：你只管听吧！神自己有时帮助引导这个宇宙行进，以及　269c5
帮助它旋转，有时则让它自行其是——每当它的循环周期已经取得
了属于它的时间尺度之后——；然后它又重新自动地朝反方向环
行，因为它是一个活物，并已经通过抽签从最初把它拼合在一起的　269d1
神那儿分得了明智。而这种反向行进由于下面这点而必然生来就已
经发生在了它身上。

年轻的苏格拉底：究竟由于哪点？

客人：总是保持着同一和同样并且是同一的，这仅仅适合于一　269d5
切中那些最神圣的，而形体的本性不属于这种等级。我们已经称之
为天和宇宙的那种东西，虽然也从它的创生者那里分得了许多的福
祉，但无论如何它也都仍然和形体结合在一起。由此对它来说永远　269e1
地摆脱变化是不可能的，而是尽可能地至多到下面这个份儿上，即

在同一个地方、以同样的方式运动，而且是单一的位移①。由此它
通过抽签分得了反向绕圈子这种运动，因为这是对它自己的运动
269e5 的一种最小背离。然而，自身靠自身而永恒地旋转，这几乎对任何
东西来说都是不可能的，除了那复又引领着所有运动着的东西的那
种东西之外；而对于这种东西来说，时而以一种方式、时而复又以
相反的方式进行推动，这是不合神法的。因此，基于所有这些，既
不应当宣称宇宙总是自身靠自身而旋转，也全然不应当宣称它总是
被神引领而在两种相反的旋转方向上旋转，复又不应当宣称某两个
270a1 神——他俩彼此在想相反的事情——在使它旋转，而是应当宣称刚
才所讲过的和唯一剩下的：它有时被另外一种神圣的原因帮助引
导，再次进一步获得活着的能力以及从造物主那儿得到一种焕然一
新的不朽，有时则这样，即每当被让自行其是，它自己就通过自己
270a5 上路，在适当的时候它如此地得到容许，以至于能够反向行进，经

---

① 移动 / 位移是一种特殊的运动，后来亚里士多德在《物理学》和《论生成
与毁灭》中直接将位移规定为在位置上的运动。柏拉图本人在《泰阿泰德》中已经
区分了两种运动，一种是"位移"（φορά），一种是"变化"（ἀλλοίωσις）。

参见《泰阿泰德》（181b7–d7）：苏格拉底：不过在我看来，考察的出发点是关
于运动；他们究竟在说何种东西，当他们说一切都在运动时。但我想说这点：他们
只是在说它的一种类型呢，还是如对我显得的那样，两种？然而，请不要让它仅仅
对我显得是这样，相反，你也要一起分享它，以便我们能共同遭受某种东西——假
如必须遭受的话。请告诉我，每当某种东西从一个位置改变到另一个位置，或者在
同一个位置旋转，你将之称为在运动吗？忒俄多洛斯：我肯定会。苏格拉底：那么
就让这是其中一种类型。但是，每当它虽然是在同一个位置，但变老了，或者从白
的变成了黑的，或者从软的变成了硬的，或者在其他任何的变化方面变化了，难道
不值得将之叫作运动的另一种类型？忒俄多洛斯：肯定必然值得。苏格拉底：于是
我把这两者称作运动的两种类型，一种是变化，而另一种是位移。忒俄多洛斯：的
确说得正确。

历了许多次的数以万计的循环，这正是因为，尽管它是最大的，但
也是最均衡的，从而能通过站在最小的基础上方行进。

年轻的苏格拉底：无论如何，你所详细叙述的所有这些都显得 270b1
说得非常合理。

客人：那么，基于刚才已经说的，让我们通过考虑来理解那个
情状，我们曾说它是所有奇特的事情的原因①。因为它其实也正是下 270b5
面这种东西。

年轻的苏格拉底：何种东西？

客人：那就是：宇宙的移动有时是在它现在旋转的那个方向上
进行，有时则在相反的反向上进行。

年轻的苏格拉底：究竟为何呢？

客人：就这种改变，必须认为它是发生在天上的所有那些转变 270b10
中最大的和最彻底的转变。 270c1

年轻的苏格拉底：无论如何都好像是。

客人：那么也必须承认，一些最大的改变从前也对居住在其中 270c5
的我们发生过。

年轻的苏格拉底：这也可能。

客人：而当规模巨大、数量众多，并且样式纷繁的改变汇聚在
一起时，我们岂不知道动物的本性难以忍受它们吗？

年轻的苏格拉底：那还用说？ 270c10

客人：因此，那时必然发生了其他动物的巨大毁灭，当然，人

———————

① 参见前面269c1。

270c10 这个族类也约莫只有少量得以幸存。许许多多不同的、令人瞠目结舌的和新奇的遭遇一起降临到了这些幸存者身上，但其中最大的是下面这个，它那时伴随着宇宙的逆转，当同现在已经确定下来的转变相反的转变出现时。

270d5 **年轻的苏格拉底**：哪个？

客人：所有动物中每个那时所具有的年龄，它首先停下来不动了，并且所有那些向来是有死的，它们那时也都停止往前在外貌上
270e1 看起来越来越老，反倒因向相反的方向改变而仿佛长得越来越年轻和越来越柔软似的。老人们的白发也变黑了，而那些胡子拉碴的人
270e5 的面颊复又因变得光滑而把每个人都再次带回到了从前的岁月。那些正值青春年华的人的身体也因变得光滑和日复一日、夜复一夜地变得越来越小而重新回到了新生小孩的气质——无论是在灵魂上还是在身体上都变得与之相似——；而从那时起它就立即开始枯萎，直至全然整个地消失不见。而那些在那个时间暴力性地结束了生命
270e10 的人，其尸身的肉体也遭遇了这同样的情形，从而在短短的几日内
271a1 就迅速腐败得无影无踪。

年轻的苏格拉底：但动物的生成在那时究竟是一种什么样的生成呢，客人啊？并且他们以何种方式从彼此的结合中产生出来？

271a5 **客人**：显然，苏格拉底啊，一则从彼此的结合中产生出来的族类并不向来就是在那时的自然中；一则地生的，反倒曾经是被说过的族类，这个族类曾是在那个时间段里再次从地里返回的族类，而它曾被我们那些最早的祖先记得，一方面，当先前的循
271b1 环周期结束时，他们在继起的时间中与之相毗邻，一方面，他们

在这个循环周期的开始降生了出来。对我们来说这些人成为了这些说法的宣告者，他们现在被许多人不正确地加以了不相信。因为我认为我们必须理解此后的事情。其实当老人们返回到孩子的气质后，随之而来的是，他们复又通过从那些已经终了，但还躺 271b5 在地里的人那里再次被组合起来并复活而跟随那个转变，即在生成上一起朝着反面进行逆转；并且根据这种说法，他们必然作 271c1 为地生的而产生出来，由此他们取得了自己的名字以及对自己的说明，除了其中所有这样的人，即某位神将之带入了其他的定命中。

年轻的苏格拉底：完全如此，这无论如何都伴随着前面那些说法。然而，你说处在克洛诺斯的权能下的那种生活，它究竟 271c5 是处在那个转变周期中，还是处在这个转变周期中？因为，星辰和太阳旋转的改变显然同时发生，出现在了这两种转变的每一个中。

客人：你已经很好地跟上了谈话。而你关于所有那些自动发生 271d1 在人那里所问的，它绝不属于现在已经定下来的移动周期，相反，这也属于前面那个移动周期。因为，那时神起初通过关心而统治着整个旋转本身，而就一个个区域而言这也同样如此，因为宇宙的诸 271d5 部分到处都已经被那些进行统治的神给分配了。而精灵们就像神圣的牧人似的按照族类和群分开了动物，他们中的每个对于他自己所牧养的那些动物中的每个来说，都完全是自给自足的，以至于既没 271e1 有哪个动物是凶野的，它们也不是彼此的食物，在它们中既没有战争，也完全没有拉帮结派；而所有其他是这样的安排之结果的，会有成千上万的有待被说。但回过来关于自动发生在人那里的生活要

271e5 　被说的，已经通过下面这样被讲了出来。一位神，他自己通过进行照管而牧养着他们，就像现在，人——因为是另外一种比较神圣的动物——，牧养其他那些比他们自己卑微的族类一样。当那位神在进行牧养时，在人那里那时既没有各种各样的政制，也没有对女人

272a1 和孩子们的各种占有；因为每个人都从地里回生，且不记得从前的那些事情。然而，一方面所有诸如此类的事情那时都是不在场的，另一方面他们从各种树上和许多其他的灌木林里获取了充足的果

272a5 实，它们都不是通过耕作生长出来，而是大地自动献上。并且他们多半都是赤身裸体和没有寝具的，通过露营而被牧养，因为气候为了他们变得温和而惬意，当丰沛的牧草从地里长出来后他们就有了柔软的床榻。苏格拉底啊，你听到了在克洛诺斯时期的那些人的生

272b1 活；而在宙斯时期所流传下来的这种生活，即现在的生活，因你自己就在场你已经感觉到了。不过，你能够并愿意裁断一下它俩哪个是更为幸福的吗？①

272b5 　**年轻的苏格拉底：**决不。

　客人：那么，你愿意我以某种方式为你做出决定吗？

　年轻的苏格拉底：当然。

　客人：那好吧！如果克洛诺斯所养育的那些孩子们——由

272b10 于他们有着如此许多的闲暇和能力，他们通过谈话不仅能够同人

272c1 交往，而且能够同野兽们交往，他们就使用所有这些去致力于哲学——，通过同野兽们打交道和彼此打交道，以及通过从每一种自然那儿了解是否每种自然都因有着某种特有的能力而觉察到了

---

　① 整个这段话的内容，可参见赫西俄德《工作与时日》（110-120）。

在智慧的收集上同其他自然的某种不同，那么，就容易决定，那 　272c5
时的那些人比现在的这些人就幸福而言胜过成千上万倍。但是，
即使他们只满足于有充足的食物和饮料而互相交谈以及同野兽们
交谈诸如那些甚至现在还关于他们所说的故事，那么，这也—— 　272d1
假如根据我的意见来进行揭示的话——，是非常容易决定的。然
而，现在让我们把这些放到一边，直到某个有能力的报告人向我
们揭示出下面这点为止，即在两种方式的哪一种方式上，那时的
那些人有着对各种知识的渴望以及对语言的使用的渴望。但为何 　272d5
我们要唤醒这个故事，这必须得说一说，以便我们能够往前走
而完成此后的事情。当所有这些事物的时间已经结束以及一种改
变不得不发生之后，进而整个由土而生的族类已经完全耗尽之 　272e1
后——因为每个灵魂都已经归还了其全部的生成，每个被指定了
多少次，每个也就多少次地如种子一样落入地里——，那时，一
方面宇宙的舵手，就像放弃船舵的舵柄一样，站到一边，回到了 　272e5
他自己的瞭望台，另一方面就宇宙而言，一种命定的和与生俱来
的欲望再次使它反方向旋转。于是，所有那些同那位最大的精灵
一起按照区域来进行统治的神，由于立即认识到了所发生的，他 　273a1
们也放弃了属于他们的关心的宇宙的各个部分。而宇宙，当它发
生转向并同自己发生冲撞时——因为它在起点和终点那里激发出
了迎面而来的冲击——，它因在它自己那里引起了一场巨大的震
动而复又导致了各种各样的动物的另一次毁灭。而在这之后，随
着足够的时间逝去，当它随后摆脱了各种骚动和混乱并从各种震 　273a5
动中取得了平静之后，它通过把它自己安排进它惯常的步调中来
往前走，它既关心并掌控着在它里面的各种事物，也关心和掌控 　273b1

着它自己，因为它力所能及地记住了造物主，即它父亲的教诲。
于是，起初它执行得比较准确，结束时却比较马马虎虎；而与它

273b5　混合在一起的那种有形的东西要为这些负责——这种东西是同它
老早以前的本性一起被抚养长大的东西——，因为它在抵达现在
的宇宙之前就分有了许多的无序。因为，一方面从其建造者那里
宇宙取得了所有美好的事物，另一方面又从先前的情状中——在

273c1　天上出现的所有那些严苛的东西和不正当的东西——，它不仅自
己从那种情状中拥有了这些东西，而且将之带给了动物们。因此，
当它还在舵手的陪伴下抚养在它自己里面的各种动物时，它只产
生出了少量的恶，而产生出了巨大的善；而当它和那位舵手分开

273c5　后，在最靠近他放手的那个时间段里，它总是最美好地管理着一
切，但随着时间的推移以及遗忘在它那里的产生，古代的不和谐

273d1　之情状越来越占了上风，而当时间走到尽头时它凋谢了；美善的
东西零零星星，与之相反的东西的混入倒是许许多多，当它为自
己进行这样一种混合时，它就抵达了它自己以及在它里面的那些

273d5　事物的毁灭之危险那里。也正因为这样，曾安排过它的神，当那
时他俯瞰到它处于困境中，并忧心它会蒙受由混乱而来的大难而
分解，从而沉入到这样一种大海中时——它在不相似上是无边无

273e1　际的——，他通过再次坐在它的船舵边，通过把那些已经生病了
并且在先前自行的循环中已经分解了的东西扭转回来，他安排它，
并且通过进行纠正使它成为了不死的和不老的。因此，这作为每

273e5　件事情的终点已经被讲了；而就那涉及国王之揭示的，对我们来
说这样就足够了，那就是从说明的前面部分着手。因为，当宇宙
重新被扭转回朝向现在的生成的这条道路时，所有动物的年龄复

又再次停下来不动了，并且递交出一些与从前那些相反的新情况
来。因为在动物中，一些由于变得细小而差不多已经消失的，长　273e10
大了，而一些刚从地里新生出来的身体头发就已经变得灰白，因
死亡而再次回到地里。并且其他所有的也都在翻转，通过模仿和　274a1
跟随宇宙的情状，当然对孕育、生产和抚养的模仿必然更是伴随
着它们全部。因为下面这样不再是可能的，那就是，一个动物在
地里通过和其他的结合在一起而产生；相反，正如宇宙已经被命　274a5
令是它自己的旅行的自我主宰者那样，由此以相同的方式它的各
个部分也被相似的引领命令通过它们自己——到它们力所能及的
程度——，去孕育、生产和抚养。而我们现在已经处在了整个谈　274b1
话为之要前往的那个点上。因为，一方面关于其他野兽的详细叙
述，即它们每个由于什么以及通过哪些原因而发生改变了，这将　274b5
会变得又多又长；另一方面，关于人的详细叙述，则短得多，并
且更为扣紧主题。当失去了那占有并牧养我们的精灵的关心而
陷于孤立，而许多的野兽复又——它们全都在本性上是难以对付
的——，变得凶野之后，自身已经变得虚弱和失去防卫的人就被
它们撕碎；此外，他们在最初的那些时日里是无手段的和无技艺　274c1
的，鉴于一则自动的抚养已经告终，一则由于下面这点他们不知
道如何设法为自己弄到它，那就是，先前没有任何的需要迫使过
他们这样做①。基于所有这些，他们处在了巨大的困境中。由此
也就有了那些古老的传说，说从一些神那儿来的礼物被赠与了我　274c5

---

①　参见《泰阿泰德》(149c1-2)：人的本性太过虚弱，以至于关于那些它不
曾对之有经验的事物无法获得技艺。

们，它们带着必然的指导和教海：火来自普罗米修斯，各种技艺则来自赫淮斯托斯①以及他的那位技艺伙伴，种子和植物则来自其他的神②。并且已经帮助建立属人的生活的所有东西都从这些中产生了出来，既然，正如刚才已经说过的，从诸神那儿来的关心对人已经告一段落，他们必须通过他们自己来过活，并取得对他们自己的关心，就像整个宇宙那样，我们总是通过共同模仿它和一起跟随它——在现在这个时候以这样的方式，有时则以另外的方式——，来生活和成长。那么，就让这成为故事的终点吧，但我们将使得该故事对于下面这点是有用的，那就是：发现我们曾犯下了何等的错误，当我们在前面的谈话中揭示王者的事情和政治家的事情时。

年轻的苏格拉底：你为何这么说呢，并且在我们身上发生的错误究竟是多大？

客人：在一个方面它比较无关紧要，在另一个方面则非常要紧，并且比那时讲过的要大得多和严重得多。

年轻的苏格拉底：为何？

客人：一方面，当我们被问基于现在的旋转和生成而来的国王和政治家时，我们却在说基于相反的循环而来的照料那时的人群的牧人，即使是在说一个神，而不是一个要死者；这样我们就完完全

274d1
274d5
274e1
274e5
274e10
275a1

————————————

① 赫淮斯托斯是火神和工匠之神，赫拉的儿子，他因身体残疾被母亲赫拉所嫌弃，将他从奥林匹斯山上扔到海里；他后来决意报复母亲赫拉，送了她一把一旦坐上去就会被绑住的金椅子。

② 当指和农业相关的一些神，如得弥忒尔（Δημήτηρ）、特里普托勒摩斯（Τριπτόλεμος）和狄俄尼索斯（Διόνυσος）等。

全走上了歧途。另一方面，我们把他揭示为整个城邦的统治者，却
没有完全说出他究竟以何种方式在进行统治，而又以这种方式，被　275a5
说的虽然是真的，却没有完整、清楚地讲了出来，由此同在前面那
里所犯下的错误相比，我们也犯下了不那么紧要的错误。

年轻的苏格拉底：正确。

客人：因此，似乎就不得不指望下面这件事，那就是：当我们
界定了他的城邦统治的方式之后，对我们而言，也就以这种方式完　275a10
满地说出了政治家。

年轻的苏格拉底：讲得好。

客人：也正由于这点我们才把故事摆了出来，以便就对牧群的　275b1
照料可以指出：不仅每个人都在同现在正被寻找的那个人就此进行
争论①，而且我们还可以更加清楚明白地看见那个人本人，由于唯有　275b5
他在按照牧羊人和牧牛人的例子来取得对人的抚养的关心，因而也
因为唯有他适合被认为配享这个名号。

年轻的苏格拉底：正确。

客人：但至少我认为，苏格拉底啊，神圣的牧人的这种形象比　275c1
依照一位国王而来的形象还要伟大得多；而目前在这儿是政治家的
那些人，他们既在本性上更多地相似于那些被统治的人，也更近似
地分有了对他们的教育和抚养。

年轻的苏格拉底：完全如此。　　　　　　　　　　　　　　　275c5

客人：然而，还是必须既不更少也不更多地探寻他们，无论他

---

①　见前面 268b8-c3："那么，我们关于国王的说明怎么会显得是正确的和纯
粹的呢，每当我们仅仅把他确定为人群的牧人和抚养者而将他从其他成千上万和他
争论的人那里分离出来时？"

们生来就是这个样子，还是那个样子。

年轻的苏格拉底：为何不呢？

275c10　**客人**：那让我们再次返回到下面这点。那就是，我们曾说它是
275d1　一种对动物们自身就有进行发号施令的能力的技艺，但它不是单独
地而是共同地有着对它们的关心，并且我们那时径直将之称为属于
群养的技艺；——你记得吧 ① ？

年轻的苏格拉底：是的。

275d5　**客人**：那好，对此我们在某个地方走错了路。因为，我们既未
在任何地方把握住了政治家，也未曾命名过他；相反，我们没有注
意到就命名来说他逃之夭夭。

年轻的苏格拉底：为何？

客人：抚养各自的牧群，其他所有的牧人都分享了这点；而政
275e1　治家，尽管他并未分有这点，我们却仍然把该名字赋予了他，其实
应当把对所有牧人来说是共同的某种名字赋予他。

年轻的苏格拉底：你说得对，假如确实恰好有某种共同的名字
的话。

客人：进行照料，这如何不曾肯定对所有牧人来说是共同
的呢，假如无论是抚养还是某种其他的事业都尚未被从中区分出
275e5　来的话？但我们通过将之命名为一种畜牧术，或者照料术，甚
或一种关心术——作为适用于所有牧人的名字——，也就能够
覆盖政治家连同其他牧人，既然我们的谈话已经显明必须这
么做。

---

① 见前面 261d。

年轻的苏格拉底：正确。但此后的划分复又会以何种方式来进 276a1
行呢？

客人：按照同样的方式，就像先前我们曾用用足走的和不会飞
的，以及用非杂交的和无犄角的来分开属于群养的技艺那样；如果
我们也约莫用同样这些差别来分开畜牧术，那么，我们也就已经在 276a5
我们的说明中以同样的方式既把握住了现在的王权，也把握住了在
克洛诺斯时代的王权。

年轻的苏格拉底：显然。但我还要询问此后的划分。

客人：显然，如果以这种方式说出了畜牧术这一名称，那么，
下面这件事就会从不曾发生，那就是一些人竟然同我们争论，说完 276b1
全没有一种关心这回事，就像那时曾正当地争论过的那样，在我们
这里没有任何技艺是配得上这个名字的——即进行抚养的——，但
如果真有一种这样的技艺，那它也优先并且更为属于许多其他的 276b5
人，而不属于任何一位国王。

年轻的苏格拉底：正确。

客人：但肯定没有任何其他的技艺愿意宣称，它比王者的技艺
更为是以及更优先是对整个属人的共同体的一种关心，并且是一种 276c1
关乎施加在所有人身上的统治的技艺。

年轻的苏格拉底：你说得对。

客人：但在此之后，苏格拉底啊，我们注意到正是在最后这点
上一个巨大的错误复又被犯了吗？

年轻的苏格拉底：何种错误？ 276c5

客人：下面这种，那就是，即使我们已经尽可能地想到了有
着某种对两足的牧群进行抚养的技艺，我们也远不应径直就把它

称作王者的技艺和政治家的技艺，仿佛这已经就是事情的终点了似的。

276c10　　**年轻的苏格拉底**：那我们应当做什么呢？

276d1　　**客人**：首先，如我们所说的，应当更改名字，即毋宁把它运用到关心上，而不是抚养上；然后，应当切分这种技艺，因为它或许还有着一些相当重要的分割。

　　年轻的苏格拉底：哪些？

276d5　　**客人**：在某个地方，我们至少曾可以把神圣的牧人同人的关心者区分开来。

　　年轻的苏格拉底：正确。

　　客人：然后，这个被分割出来的对人进行关心的技艺，无论如何都必然被一分为二。

276d10　　**年轻的苏格拉底**：通过什么？

　　客人：通过暴力的和心甘情愿的。

　　年轻的苏格拉底：究竟为什么呢？

276e1　　**客人**：也正是在这点上，由于我们在前面极其头脑简单地犯了一个错误，从而把国王和僭主等量齐观，其实他们自己以及他们两者各自的统治方式都是最为不相同的。

276e5　　**年轻的苏格拉底**：说得正确。

　　客人：而现在我们也应当通过再次进行纠正，就像我说的那样，而把属人的关心术一分为二吗，通过暴力的和心甘情愿的？

　　年轻的苏格拉底：当然。

276e10　　**客人**：并且如果我们当真把那些暴力的人的技艺称为僭主术，而把关于那些心甘情愿的两足动物的心甘情愿的畜牧术称为政治术，那么，我们复又能够把那拥有这种技艺和关心的人展露为是在是的方式上是着的国王和政治家吗？

年轻的苏格拉底：也的确有可能，客人啊，对我们来说如此对　277a1
政治家的揭示是完满的。

客人：对我们来说，苏格拉底啊，这会是件好事。但这不
应仅仅是你的看法，而且我也同你一起共同持有该看法。但现　277a5
在，至少在我看来，国王尚未对我们显得就已经取得了完满的形
象，而是恰如一些雕塑家，他们有时因不合时宜地急于赶工，把
比应然更多和更大的一些东西加上去，而反倒使得工作中的每　277b1
样东西都慢了下来；我们现在也同样如此，只是为了快速并且出
色地显明先前道路上的错误，由于相信使用一些宏大的例子这对
国王来说是合适的，于是我们就为自己拾起令人称奇的一大堆故　277b5
事，从而被迫借助于它的一个比应当借助的部分更大的部分①。由
此我们已经让我们的揭示变得过长，并且全然未曾为故事加上一
个结尾，而我们的说明完完全全就像一幅写生画那样，虽然外面　277c1
的轮廓看起来是充分的，却尚未取得如由各种颜料的填充和颜色
的混合而来的那种生动。然而，同画像和所有其他的手工相比，
用言说和道理来揭示全部的活物，这更适合于那些有能力跟随的
人；而对于其他那些没有能力跟随的人，则适合通过各种各样的　277c5
手工。

年轻的苏格拉底：这无疑说得正确。但请你显明一下，在何种
方式上你说我们尚未充分地把它讲出来。

---

① 参见前面 268d8-e2。

277d1　　**客人**：非凡的人啊，不通过使用各种例子就充分地揭示出那些更加重大的事情中的某个，这是困难的。因为，有可能我们中的每个人就像在梦里一样知道每件事，然后如醒来时那样复又不知道每件事。

277d5　　**年轻的苏格拉底**：你为何这样说呢？

　　客人：看来，我此刻相当奇特地搅动出了在我们身上关于知识所发生的事情。

　　年轻的苏格拉底：究竟怎么回事？

277d10　　**客人**：有福的人啊，对我而言，这个例子本身复又需要一个例子来说明。

277e1　　**年轻的苏格拉底**：然后呢？你只管说，一定不要因我而迟疑！

　　客人：必须得说说，既然你的确准备进行跟随。关于孩子们，每当他们刚刚变得对文字有经验时，我们肯定知道……

277e5　　**年轻的苏格拉底**：知道何种东西？

　　客人：那就是，在那些最短的和最容易的音节中的每个字母，他们能够充分地进行辨别，并且关于那些字母的各种真实，他们也变得有能力进行说明。

278a1　　**年轻的苏格拉底**：为何不是呢？

　　客人：但在其他一些音节中的同样这些字母，他们由于拿不定主意而复又在判断和言说中犯错。

　　年轻的苏格拉底：当然。

278a5　　**客人**：那么，以下面这种方式岂不最容易和最美地把他们引向那些尚未被他们所认识的东西？

　　年轻的苏格拉底：何种方式？

客人：首先把他们带回到于其中他们已经正确地判断同样这些字母的那些音节那儿，而当把他们带回去后，就把这些音节置于那些尚未被他们认识的音节旁边，并且通过把它们进行互相比较来揭示同样的相似性和本性是位于两方各自的结合中的，直到那些被正确判断了的字母通过被摆在所有那些未被认识的字母面前而得到了展示；而一旦它们被展示了出来，并由此成为了一些范例后，它们就会使得在所有音节中的所有字母中的每个，一方面被称为异，因为它是异于其他的，另一方面被称为同，因为它总是以同样的方式与自身同一 ①。　　278b1　278b5　278c1

年轻的苏格拉底：完全如此。

客人：因此，我们岂不充分地把握到了这点，那就是一个例子的产生是在下面那个时候：每当某个东西，通过在另外某个截然不同的东西中被正确地判断为是同一个东西，并且通过两相比较而关于两者中的每一个以及关于两者合在一起都完成了单一的真判断？　　278c5

年轻的苏格拉底：显然。

客人：那我们还会对下面这点感到奇怪吗，那就是：如果我们的灵魂在本性上由于在万物的诸字母那儿遭受了这同样的事情，于是有时凭借真在一些事物那儿对每一个字母都能把握得定，有时在另一些事物那儿则复又对所有字母犹豫不决；并且面对由它们而来的各种混合，对其中的一些字母它无论怎样都判断得正确，而一旦它们被置入诸事物的那些较长的和不容易的音节中时，它又会再次　　278d1　278d5

①　关于"同"（τό ταὐτόν）和"异"（τò ἕτερον）的讨论，参见《智者》254d以下，以及259d以下。

不识得同样这些字母？

年轻的苏格拉底：这根本就不奇怪。

客人：那么，朋友啊，一个人，如果他从一个虚假的意见开
278e1　始，那他如何还能够通过抵达真——哪怕只是它的一个小小的部
分——，而取得智慧呢？

年轻的苏格拉底：几乎绝不可能。

客人：因此，如果这些事情生来就是这个样子，那么，我和你
278e5　岂不都绝不会弹错调，当我们首先试着在一个一个不同的小例子中
看见整个事情的本性，此后再打算——通过从某个地方把那来自一
些比较微不足道的事物的同一种形式带到国王这个大例子上——，
278e10　借助一个例子复又试着根据某种技艺来认识对整个城邦里的人的照
料，以便对我们来说出现的是一种清醒的状态而不是一场梦。

年轻的苏格拉底：完全正确。

279a1　**客人**：那么，就必须再次拾起先前的说明，因为，既然就对城
邦的关心而言，成千上万的人都在同王者的家族进行争论，那就必
279a5　须把所有这些人分离出来而单单留下那种人，也正是为了这点我们
说，我们需要一个例子。

年轻的苏格拉底：完全就该这样。

客人：那么，一种例子究竟会是什么呢，它有着同政治术一样
的事业，当它作为最小的例子被摆在旁边时就足以发现那正在被寻
279b1　找的东西？你愿意下面这样吗，宙斯在上，苏格拉底啊，假如我们
没有任何其他在手边的，那我们无论如何也就选择纺织术？如果就
这样决定了，它也不必作为全部？因为，或许关于那些从羊毛而来
的织物就将足够了；因为有可能甚至它的这个部分——当被我们选

择出来时——，就会为我们想要的作证。　　　　　　　　279b5

年轻的苏格拉底：为何不呢？

客人：那么，我们为何不——就像我们在前面通过把一些部分从一些部分那里切分出来而分开每个东西那样——，现在关于纺织术也来做这同样的事情，并通过力所能及地既短又快地走完所有的　279c1
步骤来返回到现在对我们有用的事情那里？

年轻的苏格拉底：你为何这么说呢？

客人：我将进行一个详细的叙述，它自己将作为对你的回答。　279c5

年轻的苏格拉底：你说得非常好。

客人：那好，在我们的手工劳动以及取得的所有东西中，一些是为了制作某种东西，一些则是作为防御手段为了不遭受某种东西。并且在各种防御手段中，一些是解毒药——既有属于神的，也有属于人的——，一些则是防守物；在各种防守物中，一些是服务　279d1
于战争的装备，一些则是掩蔽物。并且在各种掩蔽物中，一些是幔帐，一些则是能够抵御严寒和灼热的东西；而在这些能够抵御严寒和灼热的东西中，一些是顶棚，一些则是覆盖物；并且在各种覆盖　279d5
物中，一些是铺在下面的东西，另一些则是进行包裹的东西；而在那些进行包裹的东西中，一些是切成一整块的，另一些则是拼合在一起的；在那些拼合在一起的东西中，一些是有排孔的，一些则是　279e1
没有打孔而被捆绑在一起的；而在那些未打孔的东西中，一些是由从地里来的植物的筋腱组成的，一些则是由毛发制成的；在那些由毛发制成的东西中，一些是由水和土粘合在一起的，一些则是自身通过自身被捆绑在一起的。于是，对于这些基于自身被捆绑在一起而被做成的防御手段和遮盖物，我们赋予它们衣服这个名字；而那　279e5

280a1 对衣服特别进行关心的技艺，正如我们当时曾把关心城邦的技艺称
作政治术一样，由此我们现在也会从事情本身出发而把这种技艺称
作制衣术吗？而我们也会这样说吗，即纺织术——就它在衣服的做
280a5 工方面向来是最大的部分而言——，除了名称之外同这种制衣术并
无不同，正如在那里当时我们也曾说王者术同政治术并无什么不同
一样？

　　年轻的苏格拉底：确实非常正确。

280b1 　　**客人**：那么，让我们来推断一下此后的情况，即当关于衣服的
纺织术这样被说了之后，有人或许就会认为它已经被充分地说了，
因为他没能理解到下面这点，那就是：它还没有被从那些近处的通
力合作的技艺那儿区分出来，虽然它已经被从许多其他的同家族的
技艺那里分离出来了。

　　年轻的苏格拉底：请你说说，从哪些同家族的技艺？

280b5 　　**客人**：明显你没有跟上刚才所说的这些；因此，似乎必须再次
返回，只不过从结尾处开始。因为，如果你理解了亲缘关系，那我
们刚才就从它那里分割出了一种，即用围在外面和用放在下面这两
者之间的差别分离出了那些铺好供坐卧的东西之合成。

280b10 　　**年轻的苏格拉底**：我明白了。

280c1 　　**客人**：而且由麻线、金雀枝做的绳以及由所有那些我们刚才
通过类比将之说成植物的筋腱而来的手工，我们已经把它们全都拿
走；此外，我们还把毛毡制作术以及通过使用打孔和接缝而来的合
280c5 成分离了出来——其中大部分都是制革术。

　　年轻的苏格拉底：完全如此。

　　客人：然后，对那些切成整块的覆盖物的料理——它是制革的

技艺——，以及所有对各种顶棚的处理——它们出现在建筑技艺、
整个木工技艺以及其他技艺中用来防范水流——，我们也已经把它 280d1
们全都拿走；拿走的还有，所有那些关乎各种掩蔽物的技艺——它
们提供一些用来防备各种盗窃和各种暴力行为的产品——，以及那
些关乎做盖子的生产和门窗的各种固定的技艺——它们作为细木工
技艺的一些部分被分离了出来了。我们还切下了制作武器的技艺， 280d5
它是从大量的和五花八门的制作防御手段的能力中切分出来的一个 280e1
部分。当然，我们从一开始就立即区分出了关乎各种解毒药的整个
巫术，并且我们已经只剩下，如我们会认为的那样，恰恰那被寻找
的技艺，即抵御严寒的技艺，也就是能够生产一种羊毛的防御物的
技艺，而名字被称作纺织术。

年轻的苏格拉底：看起来就是这样。 280e5

客人：然而这已经被说出来的东西，孩子啊，仍然不是完满
的。因为，那首先致力于衣服之做工的人，显得在做同一件织品截 281a1
然相反的东西。

年轻的苏格拉底：为何？

客人：在织品那里，工作无论如何都是某种编织。

年轻的苏格拉底：是的。

客人：而在那首先触及衣服之做工的人那里，工作却是能够对 281a5
一些组合在一起和压紧在一起的东西进行分离。

年轻的苏格拉底：究竟是何种工作？

客人：属于从事梳毛的人的技艺的工作。或者，我们将敢于把
梳毛术称作纺织术，并把梳毛工称作是纺织工吗？ 281a10

年轻的苏格拉底：绝对不。

客人：而且那生产经线和纬线的技艺，如果有人复又将之称作
281b1　纺织术，那么，他肯定不仅在说一个出乎意料的名字，而且在说一
个错误的东西。

年轻的苏格拉底：那还用说？

客人：然后呢？整个洗涤术，以及修补术，我们是将之确定为
281b5　既非对衣服的一种关心，也非对它的某种料理呢，还是我们也将所
有这些都称作纺织术？

年轻的苏格拉底：绝不把它们称作纺织术。

客人：无疑就衣服的料理和产生而言，所有这些都肯定在同纺
281b10　织术的能力进行争论，一方面同意把最大的部分给予它，另一方面
又把一些大的部分指派给它们自己。

281c1　**年轻的苏格拉底**：完全如此。

客人：那么，除了这些之外，还有一些关乎各种工具的技
艺——正是通过这些工具那些关乎织物的工作才得以完成——，而
281c5　它们的创制者们必然看起来至少将自诩，这些技艺一起促成了每一
件被织出来的东西。

年轻的苏格拉底：非常正确。

客人：那么，我们关于纺织术的说明——我们选择了它的一个
部分——，将被充分地规定了吗，如果我们把它，在对由羊毛制成
281d1　的衣服的那些关心中——无论有多少——，确定为所有关心中最美
好的和最大的？或者，虽然某种真相被说出来了，但既不清楚也不
完满，在我们也从它那里拿走所有这些之前？

年轻的苏格拉底：正确。

281d5　**客人**：因此，此后岂不须做我们正说的这件事，以便我们的

说明能够依次往前走？

年轻的苏格拉底：为何不呢？

客人：那么，首先让我们留意一下，两种技艺是关于所有那些被做的事情的。

年轻的苏格拉底：哪两种？　　　　　　　　　　　281d10

客人：一种是生成的辅助因，一种则是原因本身。

年轻的苏格拉底：为何？

客人：所有那些不创制事情本身，而为那些创制事情本身的技　281e1
艺准备各种工具的——如果它们不在场，那么，被命令给诸技艺中
每一个的事情都从不会被做成——，这些技艺就是辅助因，而那些　281e5
完成事情本身的技艺则是原因。

年轻的苏格拉底：这无论如何都是合理的。

客人：那么此后，一方面，那些关于纺锤、梭子以及所有其他
工具——它们参与了对衣物的生产——的技艺，我们会把它们全部
称作辅助因，另一方面，则把那些直接料理和制造衣物的技艺称作　281e10
原因吗？

年轻的苏格拉底：非常正确。

客人：那么，在诸原因中，还有进行清洗的技艺、修补的技艺　282a1
以及所有其他诸如此类的对衣物进行料理的技艺；虽然进行装饰的
技艺是五花八门的，但在这儿用一种技艺来围住它的一个部分是非
常合理的，而用漂洗的技艺来命名这整个部分。

年轻的苏格拉底：说得好。　　　　　　　　　　　282a5

客人：而且梳毛的技艺以及纺线的技艺，此外还有所有关乎衣
服的制作本身的——我们正在谈它的诸部分——，它们一起是被每

个人所说的那些技艺中的某种单一的技艺，即纺羊毛的技艺。

282a10　　**年轻的苏格拉底**：为何不呢？

282b1　　**客人**：而在纺羊毛的技艺中有两个部分，并且这两个部分中的每个同时生来就是两种技艺的一个部分。

　　年轻的苏格拉底：为何？

282b5　　**客人**：梳毛和关乎梭子的技艺的一半，以及所有把那些躺在一起的东西进行分开的，所有这些——假如要将之宣布为一的话——，肯定都是属于纺羊毛本身的，并且对我们而言，在所有东西那儿向来就有着两个最大的技艺，即进行结合的技艺和进行分开的技艺。

　　年轻的苏格拉底：是的。

　　客人：那么，梳毛的技艺以及刚才说过的所有事情，都是属于
282c1 进行分开的技艺的；因为在羊毛和经线那里进行分开的技艺——以不同的方式发生，在一个那儿用梭子，在另一个那儿则用手——，具有刚才所讲到的所有名字。

　　年轻的苏格拉底：完全如此。

282c5　　**客人**：那么，让我们回头再次拾起进行结合的技艺的一个部分——它同时也是纺羊毛的一个部分，因为它出现在它里面——，而在这里所有那些向来是属于进行分开的技艺的，让我们把它们全都放在一边，通过分成进行分开的和进行结合的而把纺羊毛一分为二。

　　年轻的苏格拉底：就让它这样被分开。

282c10　　**客人**：那么，同时是进行结合的和纺羊毛的那个部分，苏格拉
282d1 底啊，你必须再次划分它，假如我们打算充分地把握那预先被提到

的纺织术的话。

年轻的苏格拉底：确实必须。

客人：当然必须；并且让我们说，它的一个部分是进行搓捻
的，一个部分则是进行编织的。　　　　　　　　　　　　　　282d5

年轻的苏格拉底：那么我理解得正确吗？因为在我看来，关乎
经线制作的工作，说的就是进行搓捻的。

客人：但肯定不仅仅这样，而且也关乎纬线制作的工作；或
者，没有搓捻我们也将发现它的某种产生？

年轻的苏格拉底：绝不会。　　　　　　　　　　　　　　282d10

客人：那也就请你来界定一下这两者中的每个；因为，或许界　282e1
定会对你成为一个适时的界定。

年轻的苏格拉底：如何界定呢？

客人：这样：在那些同梳毛的技艺相关的产品中，我们说那被　282e5
拉长且有宽度的某种东西是纺好了的毛线吗？

年轻的苏格拉底：是的。

客人：那么，在这种纺好了的毛线中，一方面，被纺锤卷捻并
且成为了一种结实的那种线，请你把它称作经线，而那操纵它的技
艺，则把它称作纺经线的技艺。

年轻的苏格拉底：正确。　　　　　　　　　　　　　　　282e10

客人：而另一方面，所有那些取得了一种松弛的卷捻在一起，
但在同经线编织在一起时面对制衣过程中的拉扯合适地有着一种柔
软性的，请你把这些被纺出来的线称作纬线，而负责它们的技艺，　283a1
让我们把它称作纺纬线的技艺。

年轻的苏格拉底：非常正确。

客人：而且纺织术的那个我们所提出来的部分，无论如何对每
283a5 个人都已经一清二楚了。因为，在毛纺业中进行结合的技艺这个部
分，每当它通过纬线和经线的整齐的编织而做成一件编织物时，我
们一则把被编织成的整个东西称为一件羊毛衣服，一则把那是在其
中的技艺称作纺织术。

年轻的苏格拉底：完全正确。

283b1 **客人**：好吧。但那时我们究竟为何不直接回答，纬线和经线编
织的技艺就是纺织术呢，而是通过无谓地做出非常多的界定来绕着
圈转悠？

283b5 **年轻的苏格拉底**：但至少我看来，客人啊，那些已经说出来的
东西中没有一样是无谓地被说了。

客人：也确实没有什么值得奇怪的；然而有可能，有福的人
啊，它会对你显得如此。面对这样一种毛病，假如它毕竟以后经常
283c1 出现的话——这根本不值得奇怪——，请你听听某种合适的说明，
它被用来说所有这类事情。

年轻的苏格拉底：你只管说！

客人：那么，首先让我们看看一般说来的过度和不足，以便我
283c5 们能够按照道理来赞扬和谴责下面这些事情，即关于这类讨论它们
每次都比应有的说得更长及其反面。

年轻的苏格拉底：确实必须这么做。

客人：因此，我认为，如果我们的说明成为恰好就是关乎下面
这些事情的，那么它就会变得是正确的。

283c10 **年轻的苏格拉底**：关乎哪些事情？

283d1 **客人**：关乎长和短，以及一般说来的过多和不足；因为测量术

肯定是关乎所有这些事情的。

年轻的苏格拉底：是的。

客人：那么，让我们把它分成两个部分；因为对于我们现在所急于得到的东西来说，这确实是必须的。 283d5

年轻的苏格拉底：那就请你说说，划分是如何进行的。

客人：这样：一个部分所关乎的是根据大和小彼此之间的关系来进行测量，另一个部分所关乎的则是根据生成得以发生之必然的所是来进行测量。

年轻的苏格拉底：你为何这么说？ 283d10

客人：难道你不认为，就本性而言，必然会说较大的无非是相对于较小的才是较大的，而较小的复又仅仅是相对于较大的才是较小的，而不是相对于其他任何东西？ 283e1

年轻的苏格拉底：我当然这么认为。

客人：然后呢？无论是在言辞中还是在行为中超出合尺度的东西之本性的过度以及被它所超出的不足，我们岂不复又会将之称作以是的方式生成出来了的东西，于其中我们中的那些恶人和善人也尤其彼此区分开来？ 283e5

年轻的苏格拉底：显然。

客人：因此，必须确定关于大和小的这两种所是和判断，而不是如我们刚才说的那样它们必定是仅仅彼此相关的，而是要如现在所说的那样，既必须说关于它们相对于彼此的所是和判断，也必须说关于它们相对于合尺度的东西的所是和判断；而何以如此，我们愿意去了解么？ 283e10

年轻的苏格拉底：为何不呢？

284a1　　**客人**：如果有人不相对于任何别的，除了相对于较小才承认较大之本性，那么该本性就将从不会是相对于合尺度的东西；是这样吗？

　　年轻的苏格拉底：是这样。

284a5　　**客人**：那么，我们岂不将因这种主张而毁掉了各种技艺本身以及它们的所有工作，当然我们也将抹去现在正寻找的政治术和已经谈论过的纺织术？因为所有诸如此类的技艺都肯定在严密防范相对于合尺度的东西而来的较多和较少，不是把合尺度的东西作为不是者，而是将之作为在它们的各种实践活动中难以对付的是者；并284b1且它们通过以这种方式保全尺度而成就出了所有善的东西和美的东西。

　　年轻的苏格拉底：那还用说？

284b5　　**客人**：如果我们使政治术消失不见，此后对王者的知识的探寻岂不对我们来说将是无路可走的？

　　年轻的苏格拉底：完全如此。

　　客人：因此，正如在智者那里，我们曾强迫不是着的东西是着，当言说在这点上就要从我们这里逃走的时候，同样，现在岂不284b10复又必须得迫使较多和较少变得是可测量的——不仅仅在彼此相较284c1上，而且就合尺度的东西之生成而言——？因为，无论是一位政治家，还是关乎各种实践活动的那些人中的任何其他的人，都断断不可能已经没有争议地成为了一位真正的知道者，假如这点不被承认的话。

284c5　　**年轻的苏格拉底**：那现在也必须尽可能地做同样的事情。

　　客人：这项工作，苏格拉底啊，甚至比那项工作还要重大得多——而且我们也肯定记得那项工作的长度曾是何等的长——；然而，关于它们假定下面这点，这也是非常正当的。

年轻的苏格拉底：哪点？

客人：对于那关乎严格的东西本身的揭示来说，某个时候将需 284d1
要刚才所说的那种东西。但就眼下的这些东西，为了美好且充分地
展露它们，在我看来下面这一说法就在一种卓越的方式上有助于我
们，那就是必须同样地认为：毕竟所有的技艺都是着，而同时较大 284d5
和较小被测量——不仅仅在彼此相较上，而且就合尺度的东西之生
成而言——。因为，如果这个 ① 是着，那些 ② 也就是着；并且只有
那些是着，这个也才是着；而如果两者中的任何一个不是着，那其
中的另一个也将从不是着。

年轻的苏格拉底：这说得正确，但此后的事情是什么？ 284e1

客人：显然我们应该区分测量术，就像刚才说过的那样，以这
种方式把它一分为二：一方面，把它的一个部分确立为所有那些相
对于其反面来测量数目、长度、高度、宽度和速度的技艺；另一方 284e5
面，把它的另一个部分确立为所有那些相对于合尺度的东西、合适
的东西、适时的东西、应当的东西以及所有离开两个极端而前往中
间的东西来进行测量的技艺。

年轻的苏格拉底：你确实说了两个各自很大的部分，并且它们 284e10
彼此非常不同。

客人：有时候，苏格拉底啊，许多精明的人由于以为阐明了某

---

① 即"合尺度的东西之生成"。
② 即"各种技艺"。

285a1　种智慧的东西而说的——即毕竟测量术是关乎所有生成物的——，这恰好正是刚才所说的；因为，在技艺范围内的所有东西其实都已经在某种方式上分有了测量。然而，由于他们向来就不习惯通过根

285a5　据各种形式做出划分来进行考察，于是他们径直把这些如此不同的东西合成同一种东西——因为他们认为它们是相似的——，并且他们复又因不根据诸部分来划分其他的东西而做出与这相反的事情

285b1　来；而下面这样才是应当的：一方面，每当一个人首先觉察到多中的共同性时，不可在做到下面这点之前就先行离开，即在该共同性中看清如其位于诸形式中那么多的所有差异；另一方面，每当复又在大量的东西中看到各种各样的不相似时，在做到下面这点之前也不能够因感到羞愧而停止下来，那就是，通过把所有的家中成员都

285b5　关进单一的相似性中而用某一族类的所是来把握住它们。因此，让以上这些对我们来说已经说得够充分了，无论是关于这些事情还是关于各种不足和过度；不过让我们只需坚持下面这点，即关于它们

285c1　的测量术的两个族类已经被发现了，并且让我们记住我们所说的，即它们是着。

　　　　年轻的苏格拉底：我们会记住的。

285c5　　　　**客人**：那么，在这一讨论之后，让我们容许展开另一讨论，它既关乎那些正在被寻找的东西本身，也关乎在如此这般的那些讨论中的所有探究。

　　　　年轻的苏格拉底：哪种讨论？

　　　　客人：如果有人询问我们一些正在学习的人就字母向老师的就教，那么，每当其中一位，就任何一个单词被问它是由哪些字母而

285c10　来的时，我们会说，对他而言探寻那时更多只是为了那一个抛给他

的单词而生起呢，还是为了他能够在所有抛给他的单词那儿都变得 285d1
是更为精通文法的？

年轻的苏格拉底：显然是为了在所有抛给他的单词那儿。

客人：那么，关于政治家的探寻现在对我们来说复又是怎么回
事呢？主要为了他自己而被抛出来呢，还是为了我们能够在所有东 285d5
西那儿都变得是更为善于讨论的？

年轻的苏格拉底：这显然也是为了在所有东西那儿。

客人：毫无疑问，对纺织术的说明，任何有理智的人也都肯定
不会愿意为了它本身而追踪它；但我认为大多数人都没有注意到下 285d10
面这点，那就是：一方面，对于诸是者中的一些来说，它们的某些 285e1
可感的相似性生来就容易被理解，也不难被显明，每当一个人想不
带任何困难而无需说明地轻松进行展示时——将之展示给那索取关
于它们的中的某个的一种说明的人；而另一方面，对于一些最重大
的和最受敬重的是者来说，则根本没有任何图像被可见地准备给了 286a1
人——当它被展示出来后，那想使询问者的灵魂得到满足的人，通
过使之与诸感官中的某个相适合而充分地满足它——。因此，必
须练习能够给出和接受关于每个东西的说明；因为那些无形的东 286a5
西——它们是最美和最高的——，只能通过说明，而无法以任何其
他的方式被清楚地展示出来；而正为了它们才有现在被说的这些。
不过，在一些较为细小的东西上来进行对每一事情的练习，要比在 286b1
那些比较重大的东西上容易得多。

年轻的苏格拉底：你说得非常好。

客人：那么，究竟为何我们才关于这些事情说了所有这些，让 286b5
我们记住。

年轻的苏格拉底：为何？

客人：尤其是为了下面这种厌恶，即我们令人厌恶地接受了关于纺织术的长篇大论，以及关于宇宙的逆转的长篇大论，还有在智286b10 者那儿关于不是者之所是的长篇大论，因为我们注意到它有过于长286c1 的长度；并且正是在所有这些方面我们责备我们自己，因为我们担心，我们不仅说得冗长，而且同时说得白费功夫。因此，为了我们以后不会再遭受这类事情，正是为了所有这些，你要讲在前面被我俩所说过的那些。

年轻的苏格拉底：好的！你只管继续说。

286c5 **客人**：那么我说，我和你无论如何都必须通过记住现在所说的这些来做出每次对短以及长的谴责和赞美——关于我们总是会说的286d1 那些东西——，我们不是通过它们的彼此相较来判断长度，而是依照测量术中我们先前曾说①必须记住的那个部分，相对于合适的东西，来进行判断。

年轻的苏格拉底：正确。

客人：好吧，但也并非判断所有的东西都得相对于这。因为286d5 我们并不还需要一种单单同快乐相适合的长度，除非它是一种附带物。此外，那同抛出来的问题之探寻相适合的长度——为了我们能尽可能容易和快速地找到答案——，言说要求将之作为次要的而不是首要的东西来加以珍爱，而要求务必最高地和首要地敬重方法本286e1 身，即能够根据诸形式来进行划分，而一个言说，即使它被说得非常长，但使得听者成了更善于发现的人，那也要汲汲追求这种言

---

① 先前／那时（τότε），参见前面284-285。

说，并且不能因为长度而心生恼怒，即使它被说得复又比较短，也
同样如此。还有，除了这些之外，就那关于这类交往指责言说的长　286e5
度并且不容许绕着圈转悠的人，言说要求不应该让这种人非常快速
地或直接就这样离开，即仅仅指责被说的东西太长了，相反，必须　287a1
认为他也应当进一步显示下面这点，那就是：如果它变成了一个较
短的，那它将使得交往者成为一些更擅长讨论的人，以及在用一种
言说来揭示诸是者方面是更善于发现的人；而面对其他那些针对一
些另外的情况而来的指责和赞美，言说要求既不把其中的任何放在　287a5
心上，也要看起来完全就没有听到诸如此类的说法。一则以上这些
已经足够了，假如你也这样同意的话；一则让我们再次返回到政治
家那里，通过把前面已经说过的纺织术的例子挪到他身上。

年轻的苏格拉底：你说得很好，并且让我们做你所说的。　　287b1

客人：因此，国王已经从许多技艺那里——它们全都是同类
的——，或者毋宁说从所有那些关乎牧群的技艺那里分离出来了①；
而剩下的，我们说，在整个城邦本身那里属于各种辅助因和各种原　287b5
因的，它们是一些首先必须彼此被区分开的技艺。

年轻的苏格拉底：正确。

客人：那你知道难以把它们一分为二吗？不过，如我所认为的　287b10
那样，如果我们向前走，那么原因对我们来说将仍然是清楚的。　287c1

年轻的苏格拉底：那我们就必须这样做。

客人：好吧，那就让我们如肢解一头牺牲那样来分开它们，既

---

① 见前面 276a 以下。

然我们没有能力将之一分为二。因为，必须总是要将之切分为尽可
287c5　能最为接近二的数。

　　年轻的苏格拉底：那我们现在该如何做呢？

　　客人：就像前面那样，所有那些为纺织术提供各种工具的技
艺，我们那时无疑把它们全部都确定为辅助性的技艺。

　　年轻的苏格拉底：是的。

287c10　**客人**：而现在我们必须做这同样的事情，甚至还要远甚于那
287d1　时。因为，所有那些在整个城邦里创制大大小小的任何工具的技
艺，全部都必须被确定为是辅助性的技艺。因为，一方面没有这些
技艺，从不会产生出一个城邦或者一种政治术，但另一方面，我们
也肯定不会把这些技艺的任何产物确定为王者的技艺之产物。

287d5　**年轻的苏格拉底**：确实不。

　　客人：并且我们在尝试做一件困难的事情，如果我们要把这个
族类同其他族类区分开来的话；因为，当有人把诸是者中的任何一
个都说成总会是这样那样的某一东西的一种工具时，可能看起来说
287e1　出了某种有说服力的事情。然而，让我们还是把下面这种东西称为
在城邦里的各种所有物中的另一种东西。

　　年轻的苏格拉底：何种东西？

　　客人：它不是一种具有工具的这种能力的东西。因为它不是为
287e5　了一种生成而进行建造，就像一个工具那样，而是为了那已经创制
出来的东西之保全。

　　年轻的苏格拉底：究竟是何种东西？

　　客人：这种为了各种干的和湿的东西，以及为了那些适合放在
火上的和不适合放在火上的东西而被制成的五花八门的形式，我们

用单一的称呼将之称为容器，并且它是·种非常大的形式，如我所 287e10
认为的那样，也完完全全不属于正被寻找的那种知识。 288a1

年轻的苏格拉底： 那还用说？

客人： 那么，不同于这些所有物的第三种形式也必须被看清，它虽然极其广泛——在陆上的和在水中的，四处游荡和不游荡的，有价值的和无价值的——，但有着单一的名字，因为全都是为 288a5
了某种就座，即总是作为一个座位而产生给某人。

年轻的苏格拉底： 究竟是何种东西？

客人： 我无论如何都称它为一种支撑物，它完全不是政治术的一种产物，而更宁可说是木工术的、陶器制造术的，以及铜器制造 288a10
术的一种产物。

年轻的苏格拉底： 我懂了。

客人： 而第四种形式是什么？它岂不必须被说成是异于这些 288b1
的，于其中有着前不久 ① 说过的那些东西中的绝大多数——全部的衣服和武器中的许多，所有的城墙和任何由泥制的和石头制的防御工事，以及成千上万其他的——？不过，既然所有这些都是为了防 288b5
御而被制作出来了，那么它们整个就可以以最为正当地被称为防护物，并且其中大部分将更为正确得多地被承认为建筑术和纺织术的产物，而非政治术的产物。

年轻的苏格拉底： 完全如此。

客人： 那么，我们会愿意把第五种形式确定为关乎装饰、绘 288c1
画，以及关乎所有通过进一步使用这种东西和音乐而被完成的那些

---

① 见前面 279-280。

模仿品吗——它们仅仅为了我们的各种快乐而被做出来，并且会正当地被单一的名字所围住——？

年轻的苏格拉底：何种名字？

客人：肯定是被称作玩物的某种东西。

288c5 　　**年轻的苏格拉底**：为何不呢？

288c10 　　**客人**：好吧，那么这个单一的名字将适合于用来称呼所有这些；因为它们中没有一个是为了一种严肃的目的而被做，相反，全都为了游戏而被做。

288d1 　　**年轻的苏格拉底**：我也大致明白了这点。

288d5 　　**客人**：而那为所有这些东西提供各种躯体的——从这些躯体中并且在这些躯体中，诸技艺中刚才所讲到的那些全部进行做工——，作为一种五花八门的形式，它是许多其他技艺的子孙，我们岂不应将之确定为第六种形式？

　　年轻的苏格拉底：你究竟在说何种东西？

288e1 　　**客人**：金、银和所有开矿出来的东西，以及伐木技艺和各种各样的收割通过修剪而提供给木工技艺和编制技艺的所有东西；还有，对植物进行剥皮的技艺和剥去生命物之躯体上的毛皮的制革的技艺，以及其他所有关乎诸如此类的东西的技艺，以及关乎软木塞、纸莎草和绑带的各种进行制造的技艺，它们允许这样一种做工成为可能，即从各种没有被组合在一起的族类中制造出那些组合在一起的形式。让我们把它们全部作为一而称作人类那最早生出来的

288e5 和非组合在一起的所有物，并且绝不是王者的知识之产物。

　　年轻的苏格拉底：说得很好。

　　客人：那么，对食物的获取，以及所有下面这类东西——当

它们用自己的各个部分而把自己混入到身体中之后，它们通过抽签获得了照料身体的各个部分的一种能力——，必须被说成第七种形 289a1
式——通过把它们整个称作是我们的抚养者——，除非我们能够更好地确定出某种其他的名字；而如果我们把它们全都置于耕作术、狩猎术、健身术、医术和烹饪术之下，而不是置于政治术之下，那 289a5
我们将分派得更为正确。

年轻的苏格拉底：为何不呢？

客人：那么，任何属于所有物的，除了各种温驯的动物之外，我认为差不多都在这七个族类中被说了。请你再看看：最早生出来的形式向来就会最为公正地一开始就被摆出来，而接着这种东西的 289b1
是工具、容器、支撑物、防护物、玩物和食物。而我们将之放过的那些东西——假如没有任何重大的被遗漏的话——，都能够同这些中的某个相适合；例如，钱币的理念、各种印章的理念以及所有印纹的理念。因为这些东西在它们自己那里没有任何大的同类的 289b5
族类，相反，即使其中一些被强行拽入装饰物中，一些则被拽入各种工具中，那它们也会完完全全表示同意。至于那些关乎温驯动物之拥有的，除了奴隶之外，前面已经被划分过的那种属于群养的技 289c1
艺，将显明已经囊括了它们全部。

年轻的苏格拉底：完全是这样。

客人：而还剩下来的关乎奴隶和所有仆人的那种形式，在这些 289c5
人中我也于某个地方预言，那些同国王就编织物本身进行争论的人将变得一清二楚，就像刚才那些从事纺线和梳理以及所有其他我们提到过的事情①的人同纺织工进行争论那样。而所有其他的——它

---

① 见前面 281b 以下。

289d1 们被说成辅助性的——，已经连同刚才所说的那些产物被穷尽了，并且也已经从王者的行为和政治家的行为那儿分离开来。

年轻的苏格拉底：至少看起来是这样。

客人：好吧！那就让我们通过往前走得更近些来考察那些剩下的人，以便我们能够更可靠地看清他们。

289d5 **年轻的苏格拉底**：当然应该。

客人：那么，那些最主要的仆人，从现在这里的立场来看，我们将发现他们有着同我们刚才怀疑过的那些相反的事业和经历。

年轻的苏格拉底：哪些仆人？

289d10 **客人**：买来的那些仆人以及以这种方式得到的那些仆人，我
289e1 们能够无可争辩地把它们称作奴隶，他们最少自命有王者的技艺。

年轻的苏格拉底：那还用说？

客人：然后呢？在自由人中，所有那些心甘情愿把自己指派给
289e5 服务于刚才所说的那些东西的服务术的——他们把各种农作物以及其他一些技艺的产品在农民和其他生产者彼此之间进行运输，并且使它们于交易中在价钱上相等；一些人在市场上进行交易，一些人则由海陆以及由陆路从一个城邦到另一个城邦进行交易，他们既为了别的东西而交换钱币，也为了钱币自身而交换钱币，我们已经把
290a1 这些人称作钱币兑换者、商人、船主和小贩——，难道他们居然将为政治术进行争论？

年轻的苏格拉底：有可能，至少或许会为各种商贸事情中的那类政治术而进行争论。

客人：尽管如此，至少那些人——我们看到他们最为做好准备

作为打短工者和雇工而服务于所有人——，我们从不会发现他们在 290a5
自命有王者的技艺。

年轻的苏格拉底：那怎么会呢？

客人：而每次都为我们服务下面这类事情的人，又如何呢？

年轻的苏格拉底：你在说哪类事情和哪些人？

客人：其中有传令官的部族，和所有那些因经常进行相关服务 290b1
而变得在文字方面有智慧的人，以及一些其他非常有能力从事许多
另外某些同各种公职相关的事情的人；我们复又会把这些人称作什
么呢？

年轻的苏格拉底：就像你刚才说的，仆人，而他们自己并非城 290b5
邦中的统治者。

客人：但我仍然认为，我肯定不是看到了一场梦，当我说在
这里那些就政治术格外地进行争论的人将以某种方式显现出来。然
而，在某种服务性的应得份额中来寻找这种人，这无论如何看起来 290c1
都是极其荒谬的。

年轻的苏格拉底：的确如此。

客人：那就让我们还要更进一步走近那些尚未被检查过的人。
有一些人，在预言术方面他们拥有某种服务性的知识的一个部分； 290c5
因为他们无论如何都被承认为是一些解释者——即把从诸神那儿来
的旨意解释给人。

年轻的苏格拉底：是的。

客人：而且还有祭司的家族，如习惯所说，这个家族对下面这
两件事是精通的，那就是：一方面，通过各种各样的献祭把礼物从
我们这里合其心意地献给诸神，另一方面，通过各种各样的祈祷为 290d1

我们从诸神那恳求获得各种美好的东西；而这两者无论如何都是服务性的技艺的两个部分。

年轻的苏格拉底：无论如何都显得是这样。

290d5　　**客人**：好吧，那么在我看来，我们已经似乎触及了我们正在追踪的某种足迹。因为，祭司的形象和预言家的形象确确实实充满了骄傲，并且由于所从事的那些事业的伟大而获得了令人敬畏的名

290e1　声，以至于在埃及，一个国王离开了祭司的技艺就不可能进行统治，而如果他事先碰巧通过使用暴力从其他家族那里登上王位，那他事后也必须被接纳进这个家族中。此外，在希腊人中，于许多地方，一个人也会发现关乎诸如此类事情的那些最重大的祭品被指派

290e5　给了一些最重要的公职去献祭。当然，在你们这儿，我所说的也尤其是显而易见的；因为他们说，自古以来的祭祀中那些最神圣的，尤其从父辈那儿传下来的，在你们雅典人这儿被委托给了由抽签选出来的国王执政官①。

　　年轻的苏格拉底：确实如此。

291a1　　**客人**：好吧，那么必须考察这些抽签选定的国王执政官连同祭司，以及他们的仆人，还有另外极大的一群人——这群人刚刚才对我们显露出来，在前面那些人已经被分离出去之后。

291a5　　**年轻的苏格拉底**：但你究竟把他们说成何种人？

---

　　① 当时雅典一共设有九位执政官，除了六位级别较低负责法律事务的"立法执政官"之外，还有"名年执政官""国王执政官"和"战争执政官"。所谓名年执政官或年号执政官，即以其姓名确定年号的执政官，也称为首席执政官；国王执政官负责宗教方面的事务，在九位执政官中居第二位。

客人：一些非常奇特的人。

年轻的苏格拉底：究竟为什么？

客人：他们的家族是某种包括了各个部族的家族，至少对那刚刚注意到它的人来说显得是这样。因为在这些人中，许多人同狮子、肯陶洛斯 ① 以及诸如此类的其他野兽相似，但极多的人则同萨堤洛斯 ② 和一些虚弱而诡计多端的野兽相似；不过他们互相很快地就交换他们的外形和能力。而就在现在，苏格拉底啊，我确实认为我刚刚已经看清了这些人。 291b1

年轻的苏格拉底：请你说说，因为你似乎看到了某种奇怪的东西。 291b5

客人：是的；因为奇怪的东西乃是由于无知才对每个人发生出来 ③。而现在我本人也就恰恰遭遇到了这件事；因为我拿不定主意，当我忽然看到那个在从事城邦的各种事情的歌队时。 291c1

年轻的苏格拉底：哪个歌队？

客人：所有智者中那个最大的魔术师以及对智者术这种技艺最

---

① 肯陶洛斯（Κένταυρος），即希腊神话中人首马身的怪物，所谓的"马人"，以凶野强悍著称。

② 萨堤洛斯（Σάτυρος），即希腊神话中的人首羊身的怪物，所谓的"羊人"，性喜醇酒和女色。

③ 因为奇怪的 ἄτπος，奇怪的，惊异的，荒诞不经的。东西乃是由于无知才对每个人发生出来。关于这一看法，可对观亚里士多德《形而上学》第一卷第 2 章（982b12-21）：因为无论是现在还是最初，人们都由于惊异而开始哲学活动；首先是惊异身边那些让人困惑的事情，然后逐渐如此往前，进而对那些更重大的东西感到困惑，如关于月亮的变化、关于太阳和星辰的变化，以及关于万物的生成。而感到困惑和惊异的人觉得自己是无知的（因此爱神话的人在某种意义上就是爱智慧的人，因为神话由惊异的东西构成），因此，如果他们为了摆脱无知而进行哲学活动，那显然他们是为了知道而追求知识，而不是为了某种用处。

有经验的人；把他从那些以是的方式是着的政治家和王者那里移出
291c5 去，尽管是非常困难的，但仍然必须将之移出去，如果我们打算清
楚地看到那正被探寻的东西的话。

    年轻的苏格拉底：无疑这件事一定不可以放弃。

    客人：至少在我看来确实不可以。也请你对我说明下面这点。

    年轻的苏格拉底：哪点？

291d1   **客人**：难道一人统治对我们来说不是诸城邦统治中的一种吗？

    年轻的苏格拉底：是一种。

    客人：并且在一人统治之后，我认为，有人会说到被少数人所
执掌的权力。

291d5   **年轻的苏格拉底**：为何不呢？

    客人：而政制的第三种形态岂不是大多数人的统治，它被用民
主政制这个名字来称呼？

    年轻的苏格拉底：完全如此。

291d10   **客人**：不过尽管它们是三个，岂不以某种方式成为了五个，当
它们从它们自己那儿生出了在它们自己之外的两个其他的名字时？

    年轻的苏格拉底：究竟是哪些？

291e1   **客人**：那些现在无论如何都盯住暴力和自愿、贫穷和富裕、守
法和不守法不放的人——当这些在它们当中发生时——，他们通过
把其中两个中的每一个都分成两种：一方面，把一人统治，由于它
291e5 提供出了两种形式，用两个名字来进行称呼，一则为僭主政制，一
则为王制。

    年轻的苏格拉底：为何不呢？

    客人：另一方面，那在任何时候都肯定被少数人所控制的城

邦，他们用贵族政制和寡头政制这两个名字来进行称呼。

年轻的苏格拉底：全然如此。

客人：至于民主政制，无论多数人是暴力地还是征得同意地统　291e10
治那些拥有财产的人，也无论他们严格地捍卫法律还是不，在任何　292a1
情况下都没有任何人曾习惯过改变它的名字。

年轻的苏格拉底：说得对。

客人：然后呢？我们会认为这些政制中的任何一种都是正确的　292a5
吗，当它被这些界线所规定时——即被一个人、少数人和多数人，
被富裕和贫穷，被暴力和征得同意——，以及当它恰巧是按照成文
法或没有法律地发生时？

年轻的苏格拉底：究竟有什么会进行阻止？

客人：那你就通过这样进行追随来更加清楚地考察一下。　　　292b1

年轻的苏格拉底：怎样？

客人：我们将坚持最初 ① 所说的呢，还是将抛弃它？

年轻的苏格拉底：你究竟为何这么说？　　　　　　　　　　292b5

客人：我认为，我们曾说王者的统治是诸知识中的一种。

年轻的苏格拉底：是的。

客人：并且还不仅仅是所有这些知识中的一种，而且我们无疑　292b10
从其他知识中有意选择出了一种进行判定的和进行监管的。

年轻的苏格拉底：是的。

客人：并且从进行监管的知识中，我们选择出一种关乎无生命

---

① 见 258b 以下。

292c1 的产物，一种则关乎动物；并且通过按照这种方式进行分开我们一直往前走到了这儿，我们虽然没有忘记它是一种知识，但我们尚未能够充分地如实查明它是何种知识。

年轻的苏格拉底：你说得正确。

292c5 **客人**：那么，我们确实注意到了下面这点吗，那就是：关于它们的界线既不应该是少数人也不是多数人，既不是心甘情愿也不是不情愿，既不是贫穷也不是富裕，而应该是某种知识，如果我们将跟随前面所说的那些的话？

292d1 **年轻的苏格拉底**：无疑不可能不做这件事。

客人：那么现在必然应该以下面这种方式来考察这件事，那就是：究竟在这些中的哪个那里恰巧出现了一种关乎人的统治的知292d5 识，它差不多是要加以获取的最困难和最重要的知识。因为我们必须看到它，以便我们能注意到那些必须从明智的国王那里移走的人，他们佯装自己是政治家并说服许多人相信他们是，但其实他们根本就不是。

年轻的苏格拉底：当然必须做这件事，正如我们的谈话已经提前告知我们的那样。

292e1 **客人**：那么，莫非看起来一个城邦中的多数人肯定都是有能力获取这种知识的？

年轻的苏格拉底：那怎么会？

292e5 **客人**：但这总是可能的吧，即在一个一千人的城邦中，大约一百人，或者哪怕五十个人会充分地获取它？

年轻的苏格拉底：如果那样的话，它一定会是所有技艺中最容易的；因为我们知道，在一千个人中也从不曾产生过如此多顶尖的玩跳棋的人——相较于在其他希腊人那里的那些玩跳棋的人——，就更别提国王们了。因为，那确实拥有王者的知识的人，无论他在进行统治，还是没有，根据前面的那个说法①，他都必须同样地被称作一位王者。

客人：你很好地记住了那点。而与这相伴随的是，我认为，应当在某一个人那里，或者两个人那里，或者极少的人那里探寻正确的统治，如果统治要成为正确的话。

年轻的苏格拉底：那还用说？

客人：好吧，不过这些人，无论他们是在统治那些心甘情愿的人还是不情愿的人，无论是在根据各种成文法还是没有成文法，也无论他们自己富有还是贫穷，都必须得承认，正如刚才我们所认为的那样，他们是在按照某种技艺来实施一种统治——不管是哪种。而我们尤其已经承认医生们也是这样，无论他们医治心甘情愿的我们还是不情愿的我们，无论他们是进行切、进行烧还是把某种其他的痛苦加到我们身上，无论他们根据成文的规则还是没有成文的规则，也无论他们自己是贫穷的还是富裕的，我们都完全全同样地称他们为医生，只要他们凭借某种技艺在帮助我们，要么洁净我们，要么以其他方式减轻或增加我们的体重，只要是为了身体的好，通过使它们从较差变得较好，每位进行照料的人都挽救了那些被他们所照料的。就是以这种方式，我认为，而不是以其他任何方式，我们将把这确定为是医术的以及其他任何一种统治的唯一标准。

年轻的苏格拉底：的确是这样。

292e10
293a1

293a5

293b1

293b5

293c1

---

①　见前面 259a 以下。

293c5 **客人**：那么，下面这点也就是必然的，如看起来的那样，那就是：在诸政制中，这是一种格外正确的政制，以及唯一于其中一个人会发现那些真正具有知识而不是仅仅看来具有知识的统治者的

293d1 政制，无论他们根据法律还是没有法律地进行统治，无论是统治那些心甘情愿的人还是不情愿的人，也无论他们自己贫穷还是富有，这些中根本没有一样应该被考虑为是根据某种正确性而来的。

年轻的苏格拉底：说得很好。

客人：并且无论他们是通过杀死还是驱逐某些人来洁净城

293d5 邦——为了它的好——，也无论他们通过把一些人就像蜂群一样派往某个地方去殖民来使得城邦更小些，还是通过从外面的某个地方接纳一些其他人并使之成为公民来扩大城邦，只要他们通过另

293e1 外使用一种知识和正义，通过进行拯救而竭尽所能地使它从一种较差的变成一种较好的，那我们就必须得说，这在那时以及依照这些标准是唯一正确的政制。而所有其他我们所说的，必须被说成既非真正的也非在是的方式上是着的政制，而是对这种政制的各种模仿；我们将之称作有好的法律的那些，已经向着一些较美

293e5 好的东西进行了模仿，另外一些则向着一些较丑陋的东西进行了模仿。

年轻的苏格拉底：其他的，客人啊，似乎都已经恰当地说了；而说即使没有法律他们也应当进行统治，这听起来比较困难。

客人：你确实稍微有些抢到我前面去了，当你这样问时，苏格

294a1 拉底啊。因为，我曾打算盘问你是接受所有这些呢，还是也对所说的那些中的某点感到不满意。而现在下面这点已经是一清二楚的，那就是我们将愿意详细谈谈这件事，即关于那些在没有法律的情况

下就进行统治的人的正确性。

年轻的苏格拉底：为何不呢？ 294a5

客人：当然，下面这点在某种方式上一定是显而易见的，那就是：立法术是属于王者术的；而最好的事情不是法律变得强有力，而是一个人，即具有智慧的王者变得强有力。你知道为何吗？

年轻的苏格拉底：那你说说究竟为何？

客人：那就是，一条法律从不能够通过下面这样而同时对所用 294a10
人命令最好的事情，即准确地把握住了同时对所用人来说都最好和 294b1
最公正的东西。因为，人与人之间的不相似和他们的行为与行为之间的不相似，以及下面这点，即几乎可以说属人的各种事情中从来就没有一个静止不动，它们都不允许任何一种技艺——无论它是什么——，在任何情形下、关于任何东西和在整个时间内宣布出某种 294b5
不受限制的东西。我们无论如何都会同意这点吗？

年轻的苏格拉底：为何不呢？

客人：而我们肯定看到法律差不多就一心致力于这件事，就像 294c1
某个自以为是的和无知的人那样，他既不允许任何人做任何违背他自己的安排的事情，也不允许任何人问，即使是下面这样也不行，那就是：某种新的东西对某个人出现了，它是更好的，但与他自己所颁布的命令相左。

年轻的苏格拉底：说得对；法律就是完完全全如你刚才所说的 294c5
那样来对待我们每个人。

客人：那么下面这点岂不就是不可能的，即那永恒产生出来的简单物会善待那些从来就不简单的东西？

年轻的苏格拉底：或许是这样。

294c10 **客人**：那究竟为何必须制定法律呢，既然法律不是最正确的？
294d1 必须找到这点的原因。

年轻的苏格拉底：为何不呢？

客人：那么，在你们雅典这儿，以及在其他一些城邦那里，岂
294d5 不有着一些诸如对人的团体训练、要么关乎奔跑，要么关乎某种别
的，为了热爱胜利？

年轻的苏格拉底：确实有许多。

客人：那么来吧，现在让我们再次回忆一下那些凭借某种技艺
在诸如此类的统治中进行训练的人的各种命令。

年轻的苏格拉底：何种？

294d10 **客人**：他们相信，不可能逐一在每个人那里都进行详细的考
294e1 虑，从而下出同每一个身体都相适合的命令；相反，他们认为，应
该比较粗略地做出对各个身体有益的安排，在多数情况下以及对大
多数人适合就行了。

年轻的苏格拉底：说得好。

客人：也正因为这样他们现在通过把同等的辛苦分派给团体的
294e5 每个成员，既让他们同时开始，也让他们同时结束——在奔跑、摔
跤和身体上的所有辛苦那里。

年轻的苏格拉底：是这样。

客人：因此，让我们相信，那就公正和就其彼此间的各种契约
295a1 主管这些牧群的立法者，他也从不变得有能力做下面这件事，那就
是，当他为整个聚集在一起的人下命令时，他能准确地赋予每一个
人适合于他的东西。

年轻的苏格拉底：无论如何都似乎是这样。

客人：而我认为，既适合于大多数人也适合于大多数情况，他将就是以这种相当粗略的方式为每个人设定法律，并且无论他以成文法的形式给出它，还是以不成文法的形式给出它——即用父辈传下来的各种习惯进行立法。 295a5

年轻的苏格拉底：正确。

客人：当然正确。因为，一个人如何会曾变得如此有能力，苏格拉底啊，以至于通过终其一生都总是坐在每个人的旁边而准确地命令适合于他的东西？ 既然，如我所认为的那样，如果他能够做这件事——那些在是的方式上把握了王者的知识的人中的任何一位——，那他就决不会曾通过下面这样而为自己设立起一些障碍来，即写出这样一些被称作法律的东西。 295b1

295b5

年轻的苏格拉底：无疑是这样，客人啊，基于现在所说的。

客人：但毋宁说，最优秀的人啊，是基于将要说的那些。

年轻的苏格拉底：究竟是哪些？

客人：下面这些。让我们对我们自己说说，如果一位医生，甚或一位体育教练，他打算离家远行，并且如他认为的那样，将离开那些被他照料的人很长时间，而他也认为那些被他训练的人或他的病人将不记得被他叮嘱的事情，那么，他愿意为他们写下一些备忘录吗，或者会怎样？ 295b10

295c1

295c5

年轻的苏格拉底：就这样。

客人：然后会怎样，如果出乎预期他离家外出时间较短就回来了呢？ 难道他不会敢于违背他所写下的那些东西而提出另外一些东西吗，当另外一些更好的情况对病人发生了——由于风或者其他某种出乎预期的天气情况，它们因来自宙斯而在某种方式上异于那些 295d1

习惯发生的事情——，而是会坚定不移地认为不应该逾越那些曾经

295d5 被立下的自古以来的法则，他本人既不命令其他某些事情，而生病
的人也不胆敢做违背那些写下来的东西的其他事情，因为这些写下
来的东西是属于医疗技艺的和有助于健康的，而以另外的方式发生
的那些事情则是有害身体的和不在技艺范围内的？或者，诸如此类
的每一件事情，如果它们确实发生在某一知识和真的技艺中了，那

295e1 么，在各方面都会完完全全成为对这些被立法出来的东西的最大
嘲笑？

年轻的苏格拉底：完全如此。

客人：而至于那个人，他曾经写下了各种正当的和不正当的
东西、美好的和丑陋的东西、良善的和邪恶的东西，或者就这些

295e5 曾制定出了各种不成文的法律，他这样做是为了人这个牧群——
他们全都在一个个城邦中按照曾经的书写者们所写下的法律而被牧
养——，如果凭借一种技艺而写下了它们的他，或者其他某个类似

296a1 的人，回来了，竟然真的让他不被允许违背这些而命令其他的事
情？或者，这种禁止其实也丝毫不差地如前面那个一样显得是可
笑的？

年轻的苏格拉底：那还用说？

296a5 **客人：**那么，对于这样一种情形，你知道被大多数人所说的那
种说法吗？

年轻的苏格拉底：只不过我现在确实想不起来了。

客人：它确实听起来貌似合理。因为他们说每个人确实都必
须——如果某人认识到了比先前的那些法律更好的法律——，通过
说服他自己的城邦来重新进行立法，此外别无他途。

年轻的苏格拉底：然后呢？他们说得不正确吗？   296a10

客人：或许。但如果一个人其实并非通过进行说服而强迫推行   296b1
那更好的，请你回答，那么这种强迫的名字将是什么？如果确实还
不能回答，那就先就前面那些进行回答。

年轻的苏格拉底：你究竟在说何种事情？

客人：如果一个人，他虽然没有通过说服那正被医治的人，但   296b5
通过正确地拥有技艺而迫使一个孩童，甚或某个男人或某个女人违
背那些写出来的东西去做更好的事情，那么这种强迫的名字将是什
么？难道不是任何其他的名字，而竟然毋宁是被称作违背技艺的过
错，即有害身体的行为？并且那在这件事上被强迫的人岂不也能够   296c1
说任何其他的，除了说他已经从那些强迫他的医生那儿遭受了一些
有害身体的事情和无技艺的事情之外？

年轻的苏格拉底：你说得非常正确。

客人：而被我们称作违背政治家的技艺的那种过错，究竟是什   296c5
么呢？难道不是可耻的、邪恶的和不义的东西？

年轻的苏格拉底：完全是这样。

客人：那么，至于那些被强迫违背一些已经成文的东西和父
辈传下来的东西而做了另外一些比以前那些事情更正当、更良善
和更美好的事情的人，你且说说，那关于这种暴力对这类人的指   296d5
责，如果它不打算是所有一切中最可笑的，那么，它必须得在任何
时候都说所有其他的吗，除了下面这点之外，那就是：那些被强迫
的人已经从那些强迫者那里遭受了一些丑陋的、不义的和邪恶的
事情？

年轻的苏格拉底：你说得非常正确。   296d5

客人：然而，如果强迫者是富裕的，被强迫的事情就会是正当的，而如果他是贫穷的，则被强迫的事情就是不正当的吗？或者是这样吗，如果一个人——无论他是通过进行说服还是没有进行说服，他是富裕的还是贫穷的，他是按照成文的东西还是违背成文的东西——在做一些有益的事情，那么，围绕这些这也应当是关于正确的城邦管理的最真实的标准，根据它智慧和良善的人管理那些被统治的人的事务？正如那总是紧盯着船和船员们的利益的舵手，他不是通过确定一些成文的东西，而是通过把他的技艺作为法提供出来，来保全同船的伙伴们，同样地，并且以这相同的方式，会从那些能够这样进行统治的人那儿产生出一种正确的政制吗，他们提供出技艺的力量，而这种力量比各种法更强大？并且对于那些头脑清醒的统治者来说，他们所做的每一件事岂不都不是错误，只要他们盯住一件大事不放，那就是：通过凭借理智和技艺总是把最公正的东西分配给在城邦中的人们，既能够保全他们，也能够尽可能地使他们从各种较坏的境地中摆脱出来而变得更好？

年轻的苏格拉底：无论如何都不可能反驳刚才已经说的这些。

客人：而且对于另外那些也一定无法进行反驳。

年轻的苏格拉底：你说哪些？

客人：那就是，一大群人——无论是些什么人——，都从不会可能通过掌握这门知识而凭借理智来管理城邦，相反，必须在一个小范围内、在少数人那里甚或在一个人那里去寻找那唯一正确的政制，而其他的各种政制都必须被确定为是它的一些模仿品，也正如不久前说过的那样①，一些向着较美好的东西进行模仿，一些则向着

296e1

297a1

297a5

297b1

297b5

297c1

---

① 见前面 293e1 以下。

较丑陋的东西进行模仿。

年轻的苏格拉底：你为何这么说呢？因为我确实没有理解关于 297c5
模仿品所说的。

客人：而且它肯定不是一件微不足道的事情，即使有人激发起
了这种说法之后就将之扔在了那儿，并且没有通过详细论述来指出 297d1
现在关于它所发生的错误。

年轻的苏格拉底：究竟是何种错误？

客人：下面这类事情无论如何都必须加以探究，因为它完全不
是熟悉的，也不是容易看清的；然而让我们尝试把握住它。那么来 297d5
吧！如果我们已经说到的这种政制 ① 对我们来说是唯一正确的，那
么你知道下面这点吗，那就是：其他的政制都应当使用这种政制的
那些成文条款，以便由此保全自己，通过做那现在被表扬的事情，
即使它不是最正确的 ② ？

年轻的苏格拉底：哪种事情？

客人：这种事情，即城邦里的那些人中没有一个敢做任何违 297e1
背法律的事，而那敢于这么做的，就会被死亡以及所有其他最极端
的东西所惩罚。并且这也是最正确和最美好的情形——作为第二选
择——，每当有人撤销刚才说过的 ③ 那个第一选择的话；但我们称
之为第二选择的这种情形究竟以何种方式发生了，让我们详细叙述 297e5
一下。或者怎样？

---

① 见前面 293。

② 参见前面 294c10-d1：那究竟为何必须制定法律呢，既然法律不是最正确的？

③ 见前面 293c-d。

年轻的苏格拉底：完全就这样。

客人：那就让我们再次回到那两个比喻，我们必然总是用它们来比照国王一样的统治者们。

297e10　　**年轻的苏格拉底**：哪两个？

客人：高贵的舵手和抵得上其他许多人的医生①。那么，就让我们来看看我们用这些人所塑造出来的某种形象。

年轻的苏格拉底：何种形象？

298a1　　**客人**：这种：好像我们所有人关于他们都思考到了下面这点，即我们正在从他们那里遭受一些最可怕的事情。这两种人中的每一个想保全我们中的哪个，他们就同样地保全哪个，而他们愿意伤害

298a5　哪个，就通过砍、烧来伤害哪个，以及通过命令向他们自己献上费用，就像献上贡款似的——他们仅仅把其中的一小部分花费在了患

298b1　病的人身上，甚至一丁点儿都没有，而他们自己和家人用掉了其余的——；当然，他们最终通过或者从患者的一些亲属那儿或者从他的一些仇人那儿取得作为酬金的钱财而杀掉他。而舵手们也做了成

298b5　千上万的其他诸如此类的事情，他们靠某种阴谋诡计在出海时把一些人孤零零地抛下，并且通过在外海引起海难而把他们扔进海里，以及做出一些其他为非作歹的事情。那么，如果我们通过思考到这

298c1　些而关于它们决定提出某种建议，即不再允许这些技艺中的任何一个独立地进行统治，无论是统治奴隶还是统治自由人，而是从我们自己这里召集一个公民大会——或者全体公民，或者仅仅是那些富人——，允许那些一无所长的人以及其他匠人中的任何一位就航行

---

① 参见荷马《伊利亚特》(11.514)：因为一位医生抵得上许多其他的人。

以及就各种疾病贡献一种意见：按照什么，我们必须对患者使用药 298c5
物和医疗工具，当然也包括使用船本身以及为了船的操纵和面对种
种危险而使用各种航海的工具，而这些危险既有针对航行本身发生 298d1
在风和海浪那里的，也有面对同海盗们的各种相遇的，并且如果必
须的话，还有在某个地方用长船同其他诸如此类的船进行的一场海
战的。而大多数人关于这些所决定的——无论是某些医生和舵手所 298d5
建议的，还是其他一些一无所长的人所建议的——，人们将之写在 298e1
一些三角板 ① 和石柱上，但也把另外一些确定为未成文的、从父辈
那里传下来的习俗，从此以后，无论是航海还是对患者进行的照料
在将来的时间里都照此而行。

年轻的苏格拉底：你的确说了些极其荒谬的事情。

客人：而另一方面，每年都在确定一些大众的统治者，要么 298e5
来自富人，要么来自整个公民——任何人都会通过抽签而获得该职
位——；而确定出来的统治者们按照那些成文的东西来进行统治，
就像那些驾船的舵手们和救治患者的医生们一样。

年轻的苏格拉底：这还要更为困难些。 298e10

客人：那么，请你也看看紧随其后的事情。因为，对于统治者
们中的每一位来说，每当一年过后，将必然设立由一些人组成的法
庭——他们要么基于一种挑选来自一些富人，要么复又是整个公民 299a1
中的那些通过抽签而被选出来的人——，并且把那些曾经进行统治
的人带到这些人面前，并审查他们的履职情况；而谁愿意，谁都可

---

① 三角板，其形状是一个三角塔，安装在一根转轴上，可以旋转；其三个侧
面上书写着法令条文，供人阅览。

以进行控告，即控告一个人在一年内既没有按照成文的东西也没有
按照祖先们的古老习俗来驾船；而同样的这些也适用于那些救治患
者的人。他们会被投票定罪，并对他们提出应受的惩罚，即他们中
的一些人必须遭受什么，或者必须赔付什么。

年轻的苏格拉底：那么，那在这样一些情形下还希望并愿意去
进行统治的人，无论他会遭受什么和赔付什么，都会是极其正当的。

客人：好吧，其实还将必然为所有下面这些设立法律：如果
一个人，当他在探究驾船的技艺和航海的事情，或者有益健康的
事情和医术中同各种风、各种热和各种冷相关的真时，他明显在
违背那些成文的东西，并且在学习同诸如此类的事情相关的某种东
西——无论它是什么——，那么，首先他既不会被称作一位精通医
术的人，也不会被称作一位精通驾船技艺的人，而是会被称作一位
谈论天上事情的人、一位空谈者，即某位智者；其次，由于他在败
坏其他年轻人，并且诱劝他们不按照法则来致力于驾船的技艺和医
术，而是独立地执掌船和那些生病的人，于是，那些被允许的人中
的任何一位，只要他愿意，都能够通过提起公诉而把他带到任一法
庭上。而他一旦被认为劝说人——无论是年轻人还是老人——，违
背法律和那些成文的东西，他就会被施以各种最严重的惩罚；因为
没有什么应该比法是更为智慧的。既无人会不知道属于医疗的事情
和有益健康的事情，也无人会不知道驾船的事情和航海的事情；因
为，任何一个愿意学习的人都能够学习那些成文的东西和从父辈那
里就已经确定下来的各种习俗。那么，关于以上这些知识的这些事
情，苏格拉底啊，如果以我们所说的这种方式发生了，还有关于下
面这些技艺的那些事情，即统兵术和任何一种狩猎术，以及绘画术

299a5

299b1

299b5

299c1

299c5

299d1

或整个模仿术的任何一部分，以及木工术和整个诸如此类的器具制 299d5
造术，甚或耕作术和针对植物的整个技艺，甚或我们复又看到了
按照成文条款而产生出来的某种驯马术或整个畜牧术，或者预言
术，或者服务术所包含着的每一部分，或者棋盘游戏术，或整个算 299e1
术——无论是纯粹的，还是平面的，还是位于立体中的，还是在速
度上的——，关于所有这些，当它们以下面这种方式被做，那究竟
会显得怎样呢，即按照成文的条款而不按照技艺发生？

年轻的苏格拉底：显然：我们会完全失去所有的技艺，并且它 299e5
们也永远不会重新产生出来，因为这种法律阻止进行探究；由此一
来，生活——它甚至在现在也已经是艰难的——，在那个时候会变
得完全不值得活。

客人：但下面这样又如何呢？如果一方面我们迫使被提到的这 300a1
些事情中的每个都按照各种成文的条款发生，并且迫使那个被举手
选举出来的人或基于运气被抽签抽出来的人用这些成文的条款来监
管我们，另一方面这人却根本不关心那些成文的东西——或者为了 300a5
某种好处，或者为了自己的某种喜好——，他违背这些成文的东西
而做其他一些事情，尽管他对之根本就一无所识，那么，这种恶岂
不会变得比前面的那种恶还要更大？

年轻的苏格拉底：确实完全真的是这样。

客人：因为我认为，违背法律——它们被制定出来，既基于许 300b1
多的尝试，也来自一些建议者，他们以令人喜欢的方式建议了每一
件事情并说服大多数人把它们确定了下来——，那敢于违背这些法
律而行事的人，由于他在做比一个错误大许多倍的错误，他会比那 300b5
些成文的条款所做的还要大得多地打翻所有的行为。

年轻的苏格拉底：而他怎么可能将不是这个样子呢?

300c1 　　**客人**：因此，正由于这些，对于那些就任何东西确定法律和成文的规则的人来说，第二次航行 ① 就是既不允许个人也不允许群体在任何时候做任何违背这些东西的事情——无论它是什么。

　　年轻的苏格拉底：正确。

300c5 　　**客人**：那么，关于各个东西之真的模仿品岂不就是这些，它们被那些知道者力所能及地写了下来?

　　年轻的苏格拉底：为何不呢?

　　客人：而且我们曾说②，一个知道者，即以是的方式是着的政治
300c10 家——如果我们还记得的话——，他将在他自己的实践中凭借技艺
300d1 做许多的事情，而根本不关心任何成文的东西，每当另外某些东西在他看来更好时——好于那些被他写下来的东西以及被他嘱托给一些不在场的人的东西。

　　年轻的苏格拉底：我们确实说过。

　　客人：那么，任何一位个人，无论他是谁，或者任何一个群
300d5 体，也无论它是什么，一些法律恰好已经被制定给了他们，如果

---

　　① 第二次航行，关于这一表达究竟是在指什么，自古以来就有着各种各样的说法，一般认为和航行有关，即没有风了，就只好使用桨。该表达也出现在柏拉图的另外两部作品中。

　　参见《斐洞》(99c6-d2)：因此，为了知道这种原因究竟是怎么回事，我会非常乐意成为任何人的学生。但既然我已经被剥夺了这点，已经变得既不能自己去发现，也不能从他人那儿学习了，那么，他说，刻贝斯啊，你愿意我对你做一番展示吗，即为了寻找原因我当时是如何进行了第二次航行的?

　　《菲勒玻斯》(19c1-3)：然而，即使对于清醒的人来说认识一切是件美好的事情，但第二次航行似乎是：他不会遗忘他自己。

　　② 见前面295e 以下。

他们违背这些而尝试做任何别的事情——因为它是更好的——，
那么，他们岂不都在尽可能地做那位真正的知道者所做的同样的
事情？

年轻的苏格拉底：完全如此。

客人：那好，如果他们尽管是欠缺知识的，却做这种事情，那 300d10
么，他们虽然在尝试模仿真的东西，然而会模仿得极坏；但如果他 300e1
们是有技艺的，那么，这就不再是一种模仿，而就是那最真的东西
本身？

年轻的苏格拉底：完全是这样。

客人：而且前面我们曾通过达成一致而确定，大多数人是不可 300e5
能获得任何技艺的①。

年轻的苏格拉底：当然确定过。

客人：那么，如果真有某种王者的技艺，那么，无论是由富人
而来的群体，还是整个公民，岂不都从不曾获得这种政治家的知识。

年轻的苏格拉底：那还用说？ 300e10

客人：因此，诸如此类的政制，如看起来的那样，如果它们打 301a1
算美好地、力所能及地模仿那真正的、单单一个人凭借技艺来进行
统治的政制，那么，一旦法律已经制定给他们了，那他们就从不应
该做任何违背那些成文的东西和父辈传下来的习俗的事情。

年轻的苏格拉底：你说得非常好。 301a5

客人：因此，每当富人们模仿这种政制，那时我们就把这样
一种进行模仿的政制称作贵族政制；而每当他们不把法律放在心上

---

① 见前面 292e。

时，则将之称作寡头政治。

年轻的苏格拉底：有可能。

301a10   **客人：**而且再度每当单单一个人依照法律来进行统治时——通
301b1   过模仿那有知识的人——，我们就将之称为一位国王，而不用名字
来进行区分，即他是在凭借知识还是在凭借意见来依照法律一个人
进行统治。

年轻的苏格拉底：我们或许会这么做。

301b5   **客人：**因此，如果某人——他在是的方式上是有知识的——，
确实一个人进行统治，那么，在任何情形下他都肯定被同一个名
字，即国王所称呼，而不被其他任何名字所称呼；而正由于这点，
现在所谈到的政制的五个名字，变成了仅仅一个。

年轻的苏格拉底：无论如何都似乎是这样。

301b10   **客人：**然后呢，每当某一统治者既不依照法律也不根据习俗
301c1   行事，却假装像一位有知识的人在做事似的，说终究必须违背
那些成文的东西而做确实最好的事情，然而一种欲望和无知却
是这种模仿的引领者，那时这样的每个人岂不肯定必须被称作
僭主？

301c5   **年轻的苏格拉底：**为何不呢？

客人：那么，正是以这种方式产生出了一位僭主，我们说，
以及一位国王，一个寡头政制、贵族政制和民主政制，当人们不
满意那种单个的一人进行统治的人时，以及当他们不相信任何人
301d1   曾经变得配得上这样一种统治，以至于他愿意并且能够通过凭借
德性和知识来进行统治而把各种公正的东西和虔敬的事情正确地

分配给每个人时，相反，他们认为在任何时候只要他愿意，他都会伤害、杀死和虐待我们中的任何一个人；既然我们说，如果真的出现了我们所说的那样一种人，那他既会被热爱，也会通过单独一个人幸福地完全掌控那在严格意义上正确的政制而 301d5
生活。

年轻的苏格拉底：为何不呢？

客人：但现在，既然在诸城邦中，至少如我们所说的那样，没 301e1
有产生出一位如在蜂群里面生长出来的蜂王那样的国王，而无论在身体上还是灵魂上他径直都是唯一出类拔萃的，于是，就必须通过走到一起来写出各种成文的东西，如看起来的那样，以便追踪那最真的政制之足迹。

年轻的苏格拉底：有可能。 301e5

客人：那么，苏格拉底啊，我们竟然会惊异在这样一些政制中恰好发生的所有恶以及将要发生的所有恶吗，当它们奠基在这样一种基础上时——该基础就是按照各种成文的东西和习俗而不是凭借一种知识来从事各种实践活动？如果其他的技艺进一步使用它，那 302a1
么对每个人来说下面这点都是显而易见的，即它迟早会完全毁掉所有以这种方式发生出来的事情。或者，对我们来说下面这点一定是更令人惊异的，即城邦为何在本性上竟然是这么的强有力？因为，尽管各个城邦无尽的时间以来到现在都已经遭受了这些，然而它们中的一些仍然是稳固的，并且现在也没有被推翻，虽然许多城邦有 302a5
时就像一些船正在沉没那样在毁灭，以及已经毁灭了和还将会毁灭——由于舵手们和船员们的无能，他们关于那些最重大的事情已

302b1　经取得了一种最大的无知①——；这些人，尽管他们关于城邦事务完全一无所知，但他们却认为，在所有的知识中他们在每个方面都已经最为清楚地拥有的，就是这门知识。

　　年轻的苏格拉底：完全真的就是这样。

302b5　　**客人**：因此，在这些不正确的政制中，哪个是与之共同生活最少难以忍受的——因为它们全都是难以忍受的——，以及哪个是最让人感到沉重的？我们应该略微考察一下它们吗，尽管就现在摆在我们面前的问题而言，它们只是附带性地被说说？不过总体说来，或许我们所有人做每件事情也就是为了这类事。

302b10　　**年轻的苏格拉底**：应该；为何不呢？

302c1　　**客人**：那么，你就应该说，如果有三种政制，那其中每种政制自身既变得格外地难以忍受，也变得最容易忍受。

　　年轻的苏格拉底：你为何这么说呢？

　　客人：没别的，除了我说，一人统治、少数人的统治和多数人
302c5　的统治，它们是在现在正泛滥开来的讨论的开始就被我们说过的这样三种政制。

　　年轻的苏格拉底：它们确实是。

---

　　①　一种最大的无知，即本一无所知，却认为自己有所知。参见《智者》（229c1-7）：客人：至少就我来说，我似乎看到了无知的某一巨大且难对付的独特形式，抵得上它的所有其他部分。泰阿泰德：究竟是何种？客人：这种，即一个人对某种东西本一无所知，却认为自己有所知；有可能由此我们在思想中栽的所有跟头才对每个人发生出来。泰阿泰德：正确。客人：而且我认为，无论如何唯有对于无知的这种形式，才会对之冠以愚蠢这种名字。泰阿泰德：的确。以及《苏格拉底的申辩》（29b1-2）：并且认为知道那不知道的那种无知，这如何会不是最当谴责的无知？

客人：那好，让我们通过把其中的每一种都一分为二而使这三种政制成为六种，而把那正确的政制从这些中分离开来，使之成为第七种。 302c10

年轻的苏格拉底：为何？

客人：从一人统治中分出王者的统治和僭主的统治，而复又 302d1 从非多数人的统治中分出贵族政制——我们向来说它是一种好名字——，和寡头政制；再度从多数人的统治中，我们虽然曾通过将之称作单一的而把它确定为民主政制，但我们现在复又必须把它确 302d5 定为也是双重的。

年轻的苏格拉底：究竟如何分呢？我们根据什么来划分这种政制？

客人：与划分其他政制所根据的并无不同，即使这种政制的名字已经就是双重的；不过，按照法律进行统治和违法地进行统治既 302e1 针对这种政制，也针对其他政制。

年轻的苏格拉底：确实是这样。

客人：那么，那时当我们探究正确的政制时，这种切分是没有用的，正如我们在前面所说的那些中所指出的那样①；但是，当我们 302e5 已经把那种正确的政制移取出来，而把其他的政制确定为必然的之后，那么，在这些政制中，违法进行统治和依法进行统治就把其中的每个一分为二。

年轻的苏格拉底：似乎是这样，既然现在说出了这样一种说法。

客人：那么，一人统治，如果它在我们称之为法律的那些好的 302e11

---

① 见前面 293a 以下。

成文条款中被上了轭，那它就是整个六种政制中最好的；但如果没有法律，那它就是难以忍受的，并且与之生活在一起也是最令人痛苦的。

303a1　　**年轻的苏格拉底**：有可能。

　　客人：而非多数人的统治，正如少位于一和多的中间，让我们认为它也这样处在两者的中间；而多数人的统治，复又在方方303a5　面面都是虚弱的，并且无论是就善还是就恶来说，它都没有能力做出任何大事来——相较于其他的政制——，因为在这种统治中的各种公职已经被细分给了许多人。因此，如果所有这些政制都是依法的，那它就成为其中最差的；但如果全都是违法的，那它303b1　就成为其中最好的。并且，如果所有这些政制都是无节制的，那么生活在民主政制中就会胜出；而如果它们都是守秩序的，那么就最为不必要生活在这种政制中，而生活在第一种政制中是远远首先的和最好的，除了第七种政制——因为必须把那种政制从所有其他的政制中挑选出来，正如必须把一位神从人们那里挑选出303b5　来一样①。

　　年轻的苏格拉底：显然由此会得出并出现这样的结果，并且必须如你所说的那样做。

303c1　　**客人**：因此，也就必须把参与所有这些政制的那些人取走——除了那由知识而来的政制之外——，因为他们不是政治家，而是一些闹内讧的人，也必须得说他们是那些最大的图像的领袖，并且他

---

　　①　一般认为，亚里士多德后来在其《政治学》第四卷第2章中提及了柏拉图在这里的观点，不过，从现有文本来看，亚里士多德所转述的内容同柏拉图本人在这里的论述有不少距离。

们自己也是这类图像，而他们既然是最大的模仿者和魔术师，那他　303c5
们也就成为了智者中的一些最大的智者^①。

年轻的苏格拉底：有可能智者这个表达已经最为正确地旋转到
了那些所谓的政治家身上。

客人：好吧！这对我们来说完完全全就像一出戏剧，正如刚才
所说的那样，肯陶洛斯和萨堤洛斯的某种歌舞队被看到了^②，它必须　303d1
被从政治家的技艺那儿分离出来；而现在它已经被以这种方式非常
艰难地分离出来了。

年轻的苏格拉底：显然。

客人：但确实由于下面这点还剩下另外某种比这更为困难的东
西，那就是，它同王者的家族既是同类的和更为接近的，也是更加　303d5
难以弄明白的；并且对我来说，我们显得已经遭受了类似于那些纯
化金子的人所遭受的情形。

年轻的苏格拉底：为何？

客人：泥土和石头以及许多其他的东西，肯定是那些工匠们首　303d10
先进行分离的；而在这些之后剩下的，则是一些与之混合在一起的　303e1
与金子同类的东西，它们既是贵重的，也只能用火来取走，如铜和
银，有时也有金刚石，当这些东西通过各种提炼借助试金石艰难地
被提取出来后，它们就允许我们看到所谓的纯金，即独自在其自身
的金子本身。

303e5

年轻的苏格拉底：据说这些事情确实就是以这种方式发生的。

---

① 比较前面 291c3 以下。
② 见前面 291b1–2。

客人：因此，按照同样的道理，我们似乎现在也已经分离出了那些不同于政治家的知识的东西、所有属于别的知识的东西，以及那些与政治家的知识不友好的东西，而剩下那些受人尊敬的和与之

303e10　同类的东西。而在这些东西中，肯定有将军的职权、精通法律的技

304a1　艺，以及所有下面这种参与王者术的演讲术——它通过劝说公正的事情来帮助引导在城邦中的各种行为。那么，一个人究竟以何种方式最容易把它们分离出来，以便赤裸裸地和独自就其自身指出那个正被我们所寻找的人呢？

304a5　**年轻的苏格拉底：**显然必须尝试以某种方式做这件事。

客人：那么，如果只是为了一种尝试，他会是一清二楚的；但必须尝试通过文艺来揭示他。那请你告诉我……

年轻的苏格拉底：何种东西？

304b1　**客人：**对我们来说，肯定有着对文艺的一种学习吗，以及一般说来对关乎各种手艺的知识的一种学习？

年轻的苏格拉底：是的。

客人：然后呢？问题复又是我们应当学习这些中的随便哪个

304b5　呢，还是不，我们将说复又有着恰恰关于这些事情的这样一门知识，还是怎样？

年轻的苏格拉底：是这样，我们将说有着这样一门知识。

客人：那我们岂不会同意这门知识是异于那些知识的？

年轻的苏格拉底：是的。

304b10　**客人：**而它们中没有任何一门知识应当统治另一门知识，还是

304c1　那些知识应当统治这门知识，还是这门知识应当通过进行监管来统治所有其他的知识？

年轻的苏格拉底：这门知识应当统治那些知识。

客人：那么你无论如何都在表明，决定一个人应该学习或不学习的那门知识，对我们来说应该统治着那正被学和正在教的知识？　304c5

年轻的苏格拉底：完全如此。

客人：并且那门决定一个人应该进行劝说或不劝说的知识，也统治着那能够进行劝说的知识吗？

年轻的苏格拉底：为何不呢？

客人：好吧！那么，我们将把那能够劝说大众和群氓的——通　304c10
过讲故事，而不是通过教导①——，指派给哪种知识呢？　　　　　304d1

---

① 通过讲故事，而不是通过教导（διὰ μυθολογίας ἀλλὰ μὴ διὰ διδαχῆς）。讲故事（μυθολογία）和教导（διδαχή）之间的区别，类似于在很多地方出现的故事（μῦθος）和道理/论说/逻各斯（λόγος）之间的区别。

参见《斐洞》（61b3-7）：而在颂扬这位神之后，我意识到诗人必须——如果他真的打算是一位诗人的话——创作故事，而不是论说，而我自己并不是一个善于编故事的人，由此我就把我手边有并且熟悉的那些故事，即伊索的故事，把它们中我遇到过的那些首要的，创作成了诗。

《普罗塔戈拉》（324d6-7）：苏格拉底啊，关于这，我将不再对你讲故事，而是说道理。

《高尔吉亚》（523a1-3）：因此正如他们所说，你得听非常好的道理，你虽然把它视为故事，但正如我认为的那样，我却把它视为道理；因为我打算说的那些东西，我将把它们作为真的东西对你说出来。

《蒂迈欧》（26e4-5）：不是被编造出来的故事，而是真实的道理，这肯定是一件极大的事情。

《泰阿泰德》（201a7-b4）：苏格拉底：在智慧方面最强有力的那些人的技艺，人们把他们称作演说家和精通法律的人。因为这些人肯定用他们自己的技艺进行劝说，但不是通过教导，而是通过使人对他们想要的那些东西下判断。或者你认为有些人是如此不可思议的教师，以至于，当一些人被抢劫了钱财或强迫了其他某种事情时，某些人并不在他们旁边，他们面对滴漏计时器的那么一点点水竟然能够充分地对当时不在旁边的那些人教导发生在这些人身上的事情的真相？泰阿泰德：我绝不这么认为，而是认为他们只是在劝说而已。

年轻的苏格拉底：我认为这也是清楚的，它必须被赋予修辞术。

304d5　**客人**：而这件事，即通过劝说，或者也通过某种暴力一个人应该对某些人做这样那样的事情，甚或完全保持安静，我们复又将这加给何种知识？

年轻的苏格拉底：那统治着能够进行劝说和擅长说话的知识的知识。

客人：而这不会是任何别的，如我所认为的那样，除了是政治家的能力之外。

304d10　**年轻的苏格拉底**：你已经说得非常好了。

304e1　**客人**：这种修辞术似乎也已经迅速被从政治术中分离出来了，因为它虽然是另外一种形式，然而服务于政治术。

年轻的苏格拉底：是的。

客人：然后呢，关于下面这样一种能力复又必须如何考虑？

年轻的苏格拉底：哪种？

304e5　**客人**：这种：对于那些我们会选择与之开战的每个人，决定必须如何同他们开战，我们将说它是无技艺的呢，还是有技艺的？

年轻的苏格拉底：我们怎么可能把它想成是无技艺的，肯定是统兵术和所有关乎战争的行动才实施出这种能力？

304e10　**客人**：而就必须开战，还是必须友好地达成和解，一种能够和知道进行权衡的知识，我们将把它接纳为与这不同的知识呢，还是与这相同的知识？

年轻的苏格拉底：如果我们跟从前面所说的，那我们必然得把它接纳为不同的。

305a1　**客人**：那我们岂不将宣称它统治着那种能力，假如我们确实将如前面所说的那些一样进行接受的话?

年轻的苏格拉底：我就这样说。

客人：那么，我们甚至还会尝试把谁宣布为是如此强有力的和重大的技艺——即整个的关乎战争的技艺——的女王，除了那确实 305a5 以是的方式是着的王者术之外?

年轻的苏格拉底：没有任何别的。

客人：因而我们将不把将军们的知识确定为政治家的知识，既然它是服务于后者的。

年轻的苏格拉底：似乎不。　　　　　　　　　　　　　305a10

客人：那就来吧! 也让我们看看那些正确地进行判决的陪审员 305b1 们的能力。

年轻的苏格拉底：当然。

客人：那么，它还能够比下面这样更多地做某件事吗，那就是：就各种契约，当它从一位进行立法的国王那里接受所有那些 305b5 被制定为法定的东西之后，就通过着眼于那些法定的东西来判决各种被规定为是正当的和不正当的事情；它通过提交出它自己的德性——既不屈服于各种各样的贿赂或恐惧，也不被一些怜悯之情所 305c1 打动，或被任何其他的，无论是仇恨还是喜爱所左右——，不愿意违背立法者的安排来对双方的控诉做出决定?

年轻的苏格拉底：不会，而你已经说的所有这些，差不多就是 305c5 这种能力的工作。

客人：因此，我们也发现陪审员们的力量不是王者的力量，而是法律的看守者和那种力量的婢女。

年轻的苏格拉底：无论如何看起来都是这样。

客人：因此，那看到所有被提及的这些知识的人必须注意到下面这点，那就是：它们中肯定没有任何一个把自己显明为政治家的知识。因为那以是的方式是着的王者的知识自身不应当采取行动，而是应当统治那些有能力采取行动的知识①，因为它认识城邦中的那些最重大的事情的开始和推进——在合时宜和不合时宜方面——，而其他那些知识必须做被命令的事情。

年轻的苏格拉底：正确。

客人：正由于这些，一方面，刚才我们细说的那些知识，它们既不互相进行统治，它们自己也不统治自己，相反，由于每个都从事着它自己特有的某种行为，从而根据其诸行为的特性而正当地取得了它自己的名字。

年轻的苏格拉底：无论如何都似乎如此。

客人：另一方面，就那统治着所有这些和各种法律的，以及关心着整个城邦中的所有事情并且以最正确的方式把它们全部编织在一起的知识，如果我们用那个属于该共同体的称呼来包含它的能力，那么，我们会最正当地——如看起来的那样——，把它称作政治家的知识②。

---

① 比较前面 259c6-d1。

② 这里的相关内容，可对观亚里士多德《尼各马可伦理学》第一卷第 1 章（1094a24-b7）：但如果这样的话，就必须尝试至少一般性地把握它（译者注：即至善）究竟是什么，以及它属于哪种知识或能力。然而，它似乎属于那个最具决定性的和最为进行领导的知识；而这样一种知识显然就是政治术。因为，哪些知识在城邦中是必须的，各个人学习哪种知识以及到何种程度，这都由它所安排。而我们也确实看到，那些最受尊重的能力都是隶属于它的，如统兵术、治家术和修辞术。由于它一则使用其他的知识，一则进而通过立法来规定应该做什么和规避什么，故它的目的就包含着其他知识的目的，以至于这个目的就是属人的善。

年轻的苏格拉底：完全如此。

客人：那我们现在岂不也会愿意借助于纺织术的例子来继续追踪它，当遍及一个城邦的所有知识之家族都已经对我们变得一清二楚之后？ 305e10

年轻的苏格拉底：肯定非常愿意。

客人：那么，就王者的编织而言，如看起来的那样，必须得说说它是怎样的，以及它通过以何种方式进行编织而把何种编织物交给了我们。 306a1

年轻的苏格拉底：显然。

客人：把一件困难的事情指出来，这毕竟已经成为了必然，如显得的那样。 306a5

年轻的苏格拉底：但无论如何它都必须被说出来。

客人：因为德性的一个部分在某种方式上是不同于德性的一种形式的①，这对于那些在言说方面热衷于争论的人来说，非常容易诉诸众人的意见而被攻击。 306a10

年轻的苏格拉底：我不明白。

客人：那我以下面这种方式再说一遍。因为我相信你会认为，勇敢对我们来说是德性的一个部分。 306b1

年轻的苏格拉底：肯定。

客人：而节制一则的确异于勇敢，一则这种东西也是那种东西所属于的那个东西的一个部分。

年轻的苏格拉底：是的。 306b5

---

① 参见前面 263a3 以下。

客人：那么，对于这些，一个人就必须敢于展示出某个令人惊异的说法来。

年轻的苏格拉底：何种说法？

客人：那就是：它们两者在某种方式上确确实实互相是有一种

306b10　敌意的，并且在那些是着的东西中的许多那里，它们两者也有着一种相反的立场。

年轻的苏格拉底：你为何这么说呢？

306c1　**客人**：绝非一种已经习惯说的那种说法；因为德性的所有部分无论如何都肯定被说成了是彼此相亲相爱的。

年轻的苏格拉底：是的。

客人：那让我们通过好好地集中注意力来考察一下，这就是如

306c5　此绝对的呢，或者必定是这样，那就是，它们中的某个在一些方面与一些同族类的有着一种不和？

年轻的苏格拉底：是的，请你说说必须如何进行考察。

客人：在德性的所有的部分中必须探寻下面这点：一方面我们将之全都称作是美的，另一方面我们又把它们置于两种彼此相反的形式中。

年轻的苏格拉底：请你说得更为清楚一些。

306c10　**客人**：就敏锐和快速来说，或者在身体上，或者在灵魂中，或

306d1　者在声音的移动方面，或者属于这些东西自身，或者位于诸是者的各种图像中——即音乐还有绘画通过模仿而提供出来的所有模仿品——，你自己从未成为过这些东西中的任何一个的表扬者吗，还是在你在场的情况下你注意到过其他人在进行表扬？

306d5　**年轻的苏格拉底**：为何不呢？

客人：莫非你也记得在这些情形中的每一个那儿，他们是在以何种方式做它吗？

年轻的苏格拉底：完全不。

客人：那么我能够——如我所想的那样——，通过言说来向你　306d10
指出它吗？

年轻的苏格拉底：为何不呢？　　　　　　　　　　　　　　306e1

客人：你似乎认为这类事情是容易的；但让我们在两个相反
的族类中考察它。因为，确实在许多以及经常发生的行为那里，每
次就快速、猛烈和敏锐——既有思想方面的也有身体上的，进而还　306e5
有声音中的——，每当我们感到钦佩时，我们都通过使用单一的称
呼，即勇敢来说出我们对它们的表扬。

年轻的苏格拉底：为何？

客人：我们肯定首先会说"敏锐的和男子汉的"，以及"快速
的和男子气概的"，同样还有"猛烈的和男人气的"；并且我们完　306e10
全通过带来我说对于所有这些本性来说是共同的那个名字来表扬它
们。

年轻的苏格拉底：是的。

客人：然后呢？那种安安静静地发生之形式，我们岂不复又经　307a1
常在许多的行为那儿予以表扬？

年轻的苏格拉底：也的确完全如此。

客人：那么我们岂不通过说出某些相反的东西——与关于前面
那些所说的相反——，来表达这点？　　　　　　　　　　　　　307a5

年轻的苏格拉底：为何？

客人：因为我们每次都肯定会说它们是安静的和节制的，当我

们对下面这些感到钦佩时——一些事情，无论是在思想那里，还是

307a10 在各种行为那里，复又被慢慢地和温柔地做了出来，进而在声音那

307b1 里一些东西平缓而深沉地产生了出来，以及适时地使用了缓慢的所

有合拍的运动和整个文艺——，我们不会把勇敢之名，而是把得体

之名字用在所有这些东西身上。

年轻的苏格拉底：非常正确。

307b5 **客人**：而每当这两方复又对我们不合时宜地产生出来，那我们

就通过做出改变而谴责它们中的每一个，从而反过来用一些名字来

把它们分派给相反的东西。

年轻的苏格拉底：如何？

客人：一方面，当它们变得过于敏锐——同适时的相比——，

307b10 以及显得过于迅速和过于坚硬时，我们就将之称作是侮慢的和疯狂

307c1 的；另一方面，把那些过于沉重的、过于缓慢的和过于柔软的，称

作是懦弱的和懒散的。也差不多在大多数情况下，不仅这些性质，

而且节制的本性和各种与之相反的东西中的勇敢，就像一些通过抽

307c5 签分得敌对立场的理念似的，我们发现它们在关于诸如此类的情况

的各种行为上不互相混合，此外我们也将看到——如果我们继续追

踪的话——，那些在其灵魂中拥有它们的人彼此是不一致的。

年轻的苏格拉底：究竟在何处你说他们彼此是不一致的？

307d1 **客人**：既在我们刚才所说的所有这些事情上，也有可能在其他

许多事情上。因为我认为，根据他们与这两者中的每种情形的亲缘

性，他们一方面表扬一些事情，将之作为属于他们自己家族的，另

一方面指责那些与之不同的人的一些事情，将之作为属于别人的，

从而彼此对许多事情陷入到巨大的敌意中。

年轻的苏格拉底：他们有可能。　　　　　　　　　　　　307d5

客　人：好吧，这类形式中的这样一种分歧确实还只是一种儿戏；但涉及一些最重大的事情时，它就恰好成为了对城邦来说一切中最可恨的一种疾病。

年轻的苏格拉底：究竟针对哪些事情你这么说？

客　人：确实有可能，就是在针对生活的整个筹划。因为一些人　307e1
是特别地守秩序的，他们总是准备平静地过完一生，自己独自做他们自己的事情，不仅在家里以这种方式同所有人结交，而且面对外　307e5
面的城邦，他们同样准备在方方面面都以某种方式达成和平；也正由于这种爱欲——同应然的相比它是比较不合时宜的——，每当他们做那些他们所愿意的事情时，他们自己不知不觉地处于了不会打仗的状态中，并且同样把年轻人也置于该境地，由此总是受迫于那　307e10
些攻击者；由此用不了多少年，他们自己、他们的孩子们以及整个城邦，都将不再是自由的，而是经常不知不觉地变成了奴隶。　　308a1

年轻的苏格拉底：你在说一种艰难而可怕的经历。

客　人：而那些更为倾向于勇敢的人又如何呢？他们岂不因总　308a5
是让他们自己的城邦一心致力于某场战争——由于对这样一种生活比应然的更为强烈的欲望——，而使之同许多有能力的人处于敌意中，由此要么完全毁掉他们自己的祖国，要么复又使之成为奴隶而将之置于敌人的掌控之下？

年轻的苏格拉底：这也是如此。　　　　　　　　　　　308b1

客　人：因此，我们又怎么可能对下面这点说不呢，那就是：在这些事情上，这样两个族类互相总是保持着许许多多的，甚至是最大的敌意和纷争？

308b5　　**年轻的苏格拉底**：我们将绝不可能说不。

　　客人：那我们岂不已经发现了我们起初所要考察的①，即德性的两个不小的部分在本性上就是彼此抵牾的，当然也让那些拥有它们的人做这同样的事情？

　　年轻的苏格拉底：它俩有可能是这样。

308b10　　**客人**：那让我们复又拾起下面这点。

　　年轻的苏格拉底：哪点？

308c1　　**客人**：是否无论哪儿，那些进行组合的知识中的任何一个，都情愿从一些糟糕的东西和一些有益的东西中组合它的那些作品中的任何东西——即使它是最为低微的——，或者，在一切地方，每一308c5种知识都一方面尽其所能地抛弃那些糟糕的东西，另一方面接纳那些合适的东西和有益的东西，从这些东西中——无论它们是相似的还是不相似的——，通过把它们全部带往一而制作出某种单一的能力和理念？

　　年轻的苏格拉底：为何不呢？

308d1　　**客人**：那么，那对我们来说在本性上真正是着的政治术，它也从不情愿从一些有益的人和一些邪恶的人那里来组建某个城邦；相反，下面这点是非常清楚的，那就是：它首先通过儿戏来进行308d5检测，而在检测之后，它复又将把他们交给那些有能力教育他们并且就为了这件事而进行服务的人，它自己进行发号施令和进行监管——正如纺织术对那些梳毛工以及对那些预先准备其他所有

———————

①　见前面 306b9 以下。

那些对它的编织来说必不可少的东西的人下达命令和进行监管一　308e1
样——，它向他们每个人指出诸如此类的事情，以便他们完成如它
认为同它自己的编织相合适那样的工作。

年轻的苏格拉底：完全如此。

客人：恰恰按照这同样的方式王者术对我显得是这样，那就
是：由于它自身具有进行监管的技艺之能力，因而它不容许所有那　308e5
些依照法律来进行教育和抚养的人从事其他任何事情，除了一个人
通过实现出同它的混合相适应的某种品质而完成的那种事之外；而
唯有这些事情是它鼓励他们拿来教育人的。并且对于那些不能够分
得勇敢的品质和节制的品质，以及所有其他涉及德性的东西，而被　308e10
一种邪恶的本性强行推到了不信神、侮慢和不义中的人，它就通过　309a1
用各种各样的死刑、各种各样的放逐以及各种各样的最大的不光彩
来进行惩罚而将之抛弃。

年轻的苏格拉底：无论如何据说就是这样。

客人：而那些复又在巨大的无知和卑劣中摸爬滚打的人，它就　309a5
会给他们套上轭，将之置于奴隶的族类中。

年轻的苏格拉底：非常正确。

客人：那么，至于那些剩下的，即所有那些其本性能够通过
获得一种教育而被置于高贵中的，以及能够凭借技艺而接受诸德　309b1
性之间的一种互相混合的，在这些人中，一些更为向着勇敢进行
努力，王者术认为他们那坚固的品质就像是经线一样的东西似的，　309b5
一些则更为向着守秩序而努力——他们使用丰润的、柔软的，以
及就相似来说如纬线一样的线——，但由于他们互相在相反的方
向上全力以赴，故王者术尝试以某种这样的方式把他们捆绑在一

起和编织在一起。

年轻的苏格拉底：究竟哪种方式？

309c1 　**客人**：首先，依照亲缘性，它通过一条神圣的纽带把他们灵魂中的那个部分——该部分是永恒的——，结合在一起；而在神圣的部分之后，再次用一些属人的纽带把他们灵魂中那有死的部分结合在一起。

年轻的苏格拉底：你复又为何这样说呢？

309c5 　**客人**：那关于各种美的东西、正当的东西和善的东西，以及关于同这些相反的那些东西的意见，如果它带着确证而在是的方式上是真的①，那么，每当它在诸灵魂中生起时，我就说一种神圣的意见产生在精灵般的族类中了。

年轻的苏格拉底：无论如何都合适是这样。

309d1 　**客人**：那么就政治家和好的立法者，我们知道下面这点吗，那

---

　① 这里的这种"带着确证而在是的方式上是着的真意见"，在某种意义上等于"知识"。当然，单纯的真意见（δόξα ἀληθής）还不是知识（ἐπιστήμη）。

参见《政制》（506c6-10）："然后呢？"我说，"难道你没有注意到，缺乏知识的意见，它们全都是一些丑陋的东西？其中那些最好的也仍然是瞎盲的；或者在你看来，那些没有努斯却持有某种真意见的人，同那些正确地走在路上的盲人有某种不同？""没有任何不同。"他说。

以及《蒂迈欧》（51d3-e6）：如果努斯和真意见是两种不同的类型，那么，这些在其自身的、不能被我们所感知而只能被思想的形式就一定是着。但是，如果如一些人所看来的那样，真意见和努斯并无任何的不同，那么，我们通过身体所感知到的所有东西就必然要被确立为最可靠的。但必须得说这两者是不同的，因为它们分离地各自产生出来，并且彼此也不相似。其中一个通过教导，另一个靠说服而产生给我们；一个总是带有真的逻各斯，另一个是无逻各斯的；一个不为说服所动，另一个则向它敞开了大门。必须得说，所有人都分有真意见，而只有神和少数人分有努斯。

就是，唯有他适合于能够借助王者术中的文艺 ① 在我们刚才说过的
那些正确地分有了教育的人身上恰恰引起这件事？

年轻的苏格拉底：无论如何都是合理的。　　　　　　　　　　309d5

客人：那么，就那根本没有能力做这类事情的人，苏格拉底啊，
让我们无论如何都从不要用现在正被寻找的这些名字来称呼他。

年轻的苏格拉底：非常正确。

客人：然后呢？如果一个勇敢的灵魂拥有了这种真，那么，它　309d10
岂不被驯化了，并且由此一来它会最为不愿意参与各种不公正的事　309e1
情，而如果它没有分得那种真，那么，它岂不更倾向于某种兽类的
本性？

年轻的苏格拉底：为何不呢？

客人：而就守秩序的本性来说又如何呢？如果它分得了这些带　309e5
着确证而在是的方式上是着的真意见，那他岂不在是的方式成为了
节制的和明智的，至少就在一种政制上而言；而如果它没有参与到
我们所说的那些中，它岂不最为正当地获得了某种应受谴责的天真
幼稚之名声？

年轻的苏格拉底：完全如此。

客人：那么，就一种交织和这种捆绑——无论是在那些邪恶的　309e10
人自身之间，还是在那些良善的人同邪恶的人之间——，我们岂不
应当说，它从不会变得稳固，也从无任何一门知识会为了这样一些
人而认真地使用它？

──────────

① 　借助王者术中的文艺（τῇ τῆς βασιλικῆς μούσῃ），这里仍取其广义，而不把
μοῦσα译为"音乐"；在某种意义上指的即哲学／热爱智慧（φιλοσοφία）。参见《斐
洞》（61a3）：因为热爱智慧就是最高的文艺／因为哲学就是最高的文艺。

年轻的苏格拉底：那怎么会?

310a1　　**客人**：而就那些出身高贵并且一开始就依照本性而被抚养长大的品质，我们应当说这种捆绑通过法唯独在它们里面长出来，并且也就对这些品质来说这种捆绑才是凭借技艺而来的一种救治；也正310a5 如我们所说，这是一种比较神圣的捆绑在一起，即把德性中那些在本性上就不相似并且向着相反的方向用力的部分捆绑在一起。

　　年轻的苏格拉底：非常正确。

　　客人：至于那些剩下的捆绑，由于它们是属人的，一旦这种神圣的捆绑存在，那么，无论是进行理解，还是已经理解之后将之实现出来，这几乎都是不困难的。

310b1　　**年轻的苏格拉底**：究竟如何，并且是哪些捆绑呢?

　　客人：这些：既有关于城邦之间的通婚和因通婚而来的孩子们的交换，也有关于那些涉及个人之间的私人赠予和婚姻的。因为，许多人在这些事情上并未为了孩子们的生育而被正确地捆绑310b5 在一起。

　　年轻的苏格拉底：究竟为何?

　　客人：一方面，在诸如此类的事情上对财富和能力的各种追逐，一个人究竟为了什么而应热衷于对之进行谴责，仿佛它是值得一谈似的?

　　年轻的苏格拉底：没有任何理由。

310b10　　**客人**：另一方面，其实更为正当地是说一说那些对后代进行关310c1 心的人，如果他们不恰当地做了某种事的话。

　　年轻的苏格拉底：的确是合理的。

310c5　　**客人**：他们其实根本没有基于一种正确的理由来行事，如果他们是下面这样的话，那就是：一味追求眼下的轻松容易，以及只欢迎那些与他们自己非常相似的人，而不满意那些与之不相似的人，因为他们过于看重他们个人的厌恶之情。

年轻的苏格拉底：为何？

客人：一方面，那些守秩序的人肯定寻求他们自己所具有的那种品质，也尽可能地从有该品质的那些人那里娶妻，并且当他们要 310c5
嫁自家女儿时复又把她们嫁给这样的一些人；另一方面，那着眼于 310d1
勇敢这种品质的家族也以同样的方式在做事，因为它紧跟它自己的本性，其实两个家族双方都应该完全做与此相反的事情。

年轻的苏格拉底：如何做，以及为什么？　　　　　　　310d5

客人：因为，那天生而来的勇敢，如果在许多代中它都不同一种节制的本性相混合地产生，那么，它虽然一开始在力量上欣欣向荣，但最终会因各种疯狂而彻底衰败。

年轻的苏格拉底：很可能。

客人：而另一方面，那充满了十分的敬畏并且不同一种勇敢的 310d10
大胆相混杂的灵魂，当它也以这种方式产生在许多代之后，它自然 310e1
会变得比较懒惰——同合适相比——，并且当然也完完全全以残废告终。

年轻的苏格拉底：这也可能会如此发生。

客人：因此，就这些捆绑我曾说，把它们捆绑在一起根本就不 310e5
困难，只要下面这点存在，那就是，两个族类双方就各种美好和良善的东西具有单一的意见。因为这是王者的编织在一起这种技艺的单一的和整个的工作；它从不允许各种节制的品质远离那些勇敢的品质，而是通过把它们编织在一起——用各种各样的意见一致、形 310e10

形色色的光彩和不光彩、各种名声，以及互相之间各式各样的抵押
311a1 品的奉上——，通过从它们中一起带出一件平滑的和所谓织得好的
袍子，总是把城邦中的各种公职共同地交付给这些人。

年轻的苏格拉底：如何交付？

客人：这样：每当只出现对一个统治者的需要时，就把具有
311a5 这样两种品质的人选举为监管者；而每当出现对多个统治者的需要
时，则把这两类人中的每一个的代表混合在一起。因为，节制的统
治者之品质虽然是极其谨慎的、公正的和值得信赖的，但缺乏一种
雄心壮志，以及某种敏锐的和积极的活力。

311a10 **年轻的苏格拉底：**无论如何也似乎是这样。

311b1 **客人：**而另一方面，那些勇敢的品质就公正和谨慎来说的确比
前面那些节制的品质要不足得多，但在各种行动上却是异常有活力
的。然而，在城邦那儿的每一件事情要美好地产生出来——无论是
311b5 在私人方面还是在公共方面——，如果这两种品质不在场，这都是
不可能的。

年轻的苏格拉底：那还用说？

客人：那么，让我们说，这成为了政治家的行为所织成的
东西之完成：通过均匀的编织，那些勇敢的人的品质和节制的
311c1 人的品质被编织在了一起，每当凭借一条心和友爱，王者的技艺
已经把他们两者的生活一起带入到一个共同体中，并由此做成了
所有织成的东西中那最华丽的和最美好的——至少是就一件共同
的织物而言——，从而通过用这件织物包裹住城邦中的其他所有
人——无论是奴隶，还是自由人——，来把他们连在一起，并且
311c5 就与一个城邦要成为幸福的相适合所能达到的程度而言，它会在

任何方面都不遗漏任何属于这点的东西的情况下来进行统治以及进行监管。

年轻的苏格拉底：你也再次已经为我们极其精彩地完成了对王者，客人啊，以及对政治家的刻画。

术语索引 [①]

ἄψυχος 无灵魂的，无生命的 261b7,
　261b13, 261c8, 292b12
βάσανος 试金石 303e3, 308d4
βασιλεία 王权，王国 269a7, 276a6
βασιλεύς 国 王， 国 王 执 政 官 258e8,
　259b1, 259c6, 259d1, 260e6, 265d3,
　266c10, 266e1, 267e2, 268c1, 269c2,
　273e5, 274e11, 275c1, 276b5, 276e2,
　276e13, 277a5, 277b3, 278e7, 287b4,
　289c6, 290d9, 290e6, 291a1, 292d6,
　292e9, 301b1, 301b6, 301c6, 301e1,
　302d1, 305b5
βασιλικός 王 家 的， 王 者 的， 高 贵 的
　259b1, 259b5, 259c2, 259d3, 259d4,
　260c1, 260d1, 260d11, 261c8, 264c2,
　264d10, 266e9, 267c3, 268c6, 274e3,
　276b8, 276c8, 279a2, 280a6, 284b5,
　287d4, 288e5, 289d1, 289e1, 290a5,
　291c5, 291e5, 292b6, 292e9, 293a1,
　294a6, 294a8, 295b3, 297e9, 300e7,
　303d5, 304a1, 304a6, 305c7, 305d1,
　306a1, 308e4, 309d2, 310e8, 311c1,
　311c7
βία 暴力 280d2, 289b7, 296b2, 296b8, 296d1,
　304d4, 309a1
βίος 生 命， 一 生， 生 活 266d1, 271c4,
　271e5, 272b1, 274d2, 295b1, 299e7,
　307e3, 308a6, 311c1
βύβλος 纸莎草 288e2
γένεσις 生 成， 产 生， 起 源 261b1,
　261b13, 261d3, 265b11, 267b7, 271a2,
　271b8, 272e2, 273e7, 274a2, 274e11,
　278c4, 280d3, 281b7, 281d11, 281e9,
　282d8, 281d8, 284c1, 284d6, 287e5,
　307a1
γενναῖος (adv. γενναίως) 高贵的，优良的
　261c9, 266c5, 274e7, 297e11, 309a8

γένος 种 族， 种 类， 属， 民 族， 家 族
　260b1, 260d1, 260e5, 260e6, 262d1,
　262d3, 262d5, 262e2, 262e7, 263a3,
　263c6, 263c10, 263d6, 263e3, 263e9,
　265e5, 266a2, 266a3, 266b1, 266b5,
　266c4, 266c5, 266e5, 267b2, 270d1,
　271a6, 271d6, 271e7, 272e1, 279a2,
　285b6, 285b8, 287d7, 288e4, 289a8,
　289b5, 290c8, 290e1, 290e3, 291a8,
　303d5, 305e9, 306e3, 308b3, 309a6,
　309c8, 310b10, 310d2, 310d3, 310e7
γεωμετρία 几何学 266a7
γηγενής 地 生 的， 土 生 土 长 的 269b2,
　271a5, 271b8
γίγνομαι 发 生， 产 生， 生 成， 成 为， 变
　得， 出 现 258c10, 258d2, 258e1, 261b4,
　262e3, 264a9, 264c1, 265d6, 266c1, 268a8,
　268e11, 269d3, 269e1, 270c1, 270c4,
　270d4, 270e6, 271b2, 271c7, 271d1, 272d7,
　272e8, 273c1, 273e1, 274b3, 274b8, 274d3,
　274e5, 276a2, 276b1, 277e4, 277e8, 278b4,
　278e10, 280d1, 282c2, 282c6, 282e2,
　282e8, 283c8, 283c9, 283e5, 284b10,
　284c3, 285a2, 285c10, 285d2, 285d6,
　287a2, 287d3, 288a6, 289c6, 290b2, 291a3,
　291d9, 291e3, 292a8, 292c7, 292d3, 292e8,
　293a4, 294c8, 295a1, 295a9, 295d2, 295d6,
　295e2, 297a4, 297b8, 297d1, 297e5, 299d2,
　299d7, 299e4, 299e6, 299e8, 300a2, 300a7,
　301b8, 301c6, 301c9, 301d4, 301d8, 301e7,
　302a2, 302c2, 303a7, 303b6, 303c4, 303e6,
　305e10, 306a6, 306d4, 306d9, 307a9,
　307b5, 307b9, 307d8, 308a1, 309c8, 309e7,
　309e12, 310a1, 311b3, 311b8, 311c5
γιγνώσκω 认识 258d5, 259e5, 259e6, 263a3,
　272e8, 278a5, 278b1, 296a8, 300a6, 302b1,
　305d2

正义的 257b6, 259b6, 260a1, 266a6, 276b2, 284c8, 288b5, 288c4, 289a9, 293d8, 294b1, 294e9, 295e4, 296c9, 296d6, 297b1, 299b1, 301d2, 304a1, 305b6, 305d9, 305e5, 309c5, 309e1, 309e8, 310b10, 311a7, 311b1

δικαστήριον 法庭 298e12, 299c4

δικαστής 陪审员，法官 304b1, 305c6

διορίζω 界定，下定义，规定 259d7, 261a4, 264e6, 275a8, 275e4, 282e1, 283b3, 301b1

διορισμός (διόρισις) 界定，规定 282e2

δοκέω 设想，看来，认为 260c7, 262a3, 263b3, 263d4, 265b4, 279b3, 280b1, 280e3, 281c4, 282d6, 283b5, 283b7, 283d11, 284d3, 287a6, 287d8, 290b9, 290d5, 291b4, 292e1, 293c7, 298d5, 299c5, 300d1, 311a10

δόξα 名声，意见，期望，荣誉，判断 260b6, 272d1, 278a3, 278c6, 278e1, 290d8, 295c7, 301b2, 306a10, 309c6, 309e6, 310e7, 310e10

δοξάζω 认为，相信，猜想，判断 264e9, 278a9, 278b3, 278c5, 278d4

δύναμις 能力，力量 261d1, 262a6, 266b3, 266b6, 269e2, 271c5, 272b9, 272c3, 273b2, 279c1, 280d6, 281b9, 287e4, 289a1, 291b3, 293d9, 300c6, 300d6, 301a2, 304d9, 304e3, 304b2, 305c5, 305e5, 308c4, 308c7, 308e6, 310b7, 310c10

ἔθνος 种族，民族，部落 290b1

ἔθος 习惯，习俗 295a6, 298e2, 299a4, 299d1, 301a4, 301b10, 301e9

εἶδος 形式，样式，形状，外貌，形相 258c6, 258c7, 258e7, 262b1, 262d7, 262e1, 262e3, 263b5, 263b7, 263b8,

263b9, 267b2, 278e8, 285a4, 285b3, 286d9, 287e9, 287e10, 288a3, 288d4, 288e4, 289b1, 291e4, 304e1, 306a8, 306c8, 307a1, 307d7

εἴδωλον 幻象，幻想，图像 286a1, 303c2, 306d2

εἰκών 影像，比喻 297e8, 309b5

εἰρήνη 和平 307e6

ἐκκλησία 公民大会 298c2

ἐλεύθερος 自由的 289e4, 298c2, 308a1, 311c4

ἐλπίς 希望 295d1

ἔμμετρος (adv. ἐμμέτρως) 合尺度的，合比例的，适中的 282e13

ἔμπειρος 有经验的，有见识的，老练的，熟悉的 277e3, 291c4

ἐμπορικός (ἐμπορευτικός, ἔμπορος) 交易的，买卖的，贸易的 267e7, 290a1, 290a3

ἔμφρων 头脑清醒的，有理性的 297a6

ἔμφυτος 天生的 269d3

ἔμψυχος 有灵魂的，有生命的 261b8, 261c1, 288e1

ἐναντίος 相反的，对立的 261a1, 269a4, 269c7, 269e7, 269e9, 270a1, 270b8, 270d4, 270e1, 271b8, 273a2, 273d2, 273e8, 274e11, 280e7, 283c5, 284e5, 285a6, 289d7, 306b10, 306c8, 307a4, 307b7, 307c3, 309b6, 309c6, 310a5, 310d3

ἐνδείκνυμι 证明，指出，检举 275b1, 277d2, 278b1, 285e4, 297c8, 306a5, 306d10, 308e1

ἐννοέω 想起，思考，注意到，理解，明白 261e8, 266c10, 276c3, 286b10, 292c5, 296a6, 310a9

ἔννομος 合法的，依法的 302e7

305d8, 306e11, 307b2, 307b7, 309d7

ὁράω 看，注意 265b6, 285b4, 290a4,
294b8, 307c7

ὄργανον 工具，装备，器官 268b5, 281e2,
281e8, 287c7, 287d2, 287d8, 287e5, 289b1,
289b6, 298c6, 298d1

ὀρθός (adv. ὀρθῶς) 正确的，直的 259b5,
260a8, 261d2, 261d6, 262b3, 262c9,
263a2, 268a4, 268b7, 268b8, 268c5,
268d1, 271b3, 275b7, 276a1, 276b6,
276c2, 276d7, 277c7, 278a9, 278c5,
278d4, 278e11, 280a7, 281c6, 281d4,
281e11, 282e10, 283a2, 283a9, 283c9,
284e1, 286d3, 287b9, 288b8, 289a4,
292a5, 292c4, 293a3, 293a4, 293c2,
293c5, 293e1, 294d1, 295a8, 295a9,
296a10, 296b6, 296b9, 296e2, 297a4,
297c2, 297d4, 297d7, 297e3, 300c4,
301d2, 301d5, 302b5, 302c9, 302e4,
303c7, 304b1, 305d5, 305e4, 309a7,
309d3, 309d9, 310b4, 310c4

ὁρίζω (διά-ὁρίζω) 定义，规定，分开
260c8, 263b3, 267d10, 280b3, 280e2,
281c8, 282e1, 292a6

ὅρος 界线，边界，限度，标准 266e1,
292a6, 292c5, 293c2, 293e1, 296e2

ὅσιος (ὁσίως) 虔敬的 301d2

οὐσία 所是，产业 281d9, 283e8, 285b6,
286b10, 292a1

πάθος (πάθη, πάθημα) 属性，情状，遭遇，
情感，经验 264b2, 269b5, 269c1,
270b3, 270d2, 270e10, 273d1, 274a1,
277d7, 289d8, 303d7, 308a3

παιδεία 教育 275c3, 309b1, 309d3

παιδιά 儿戏，玩笑，消遣 268b2, 268d8,
268e5, 288c9, 307d6, 308d3

παροιμία 谚语 264b2

πενία 贫穷 291e2, 292a7, 292c7

περίοδος 循环，周期 269c6, 270a7,
273e2, 274e11, 286e5

πλανάω 飘荡，漫游 263a7, 263a8, 264c7

πνεῦμα 风，气息 295d1, 299b4

ποίησις 诗，作品，制作，创作 282a7

πόλις 城邦，城市 259b10, 266e10, 275a3,
275a9, 278e9, 279a2, 280a1, 287b6,
287d2, 287d3, 287e1, 289e7, 290b6,
291c1, 291e7, 292e1, 293d5, 294d4,
295e6, 296a9, 296e3, 297b2, 297c1,
297e2, 301e1, 302a3, 302a4, 304a2,
305d3, 305e3, 305e10, 307d8, 307e5,
308a1, 308a5, 308d3, 311a1, 311b4,
311c3, 311c5

πολιτεία 政制 271e8, 291d6, 292a5,
293c5, 293c6, 293e2, 297a4, 297c2,
297d5, 300e11, 301a2, 301a7, 301b8,
301b8, 301d6, 301e4, 301e7, 302b5,
303a7, 303b5, 303b8, 309e7

πορεία 旅行，旅程 265b3, 266b2, 274a5

πρᾶγμα 事情，重大的事情，麻烦事
263b8, 278d5, 280a2, 281e1, 281e4,
285e3, 291c1, 306a5, 308c1

πρᾶξις 行事，行为，实践，情况，事情
的结局 258d5, 258d9, 280d2, 284a9,
284c2, 289d1, 294b3, 300b5, 300c11,
302a1, 304a2, 304e8, 305d8, 306e3,
307a2, 307a9, 307c5, 311b2, 311b8

προστάτης 站在前头的人，领袖，头目
303c2

ῥῆμα 言辞，说出的话语，动词 303c7

ῥητορεία 演讲术 304a1

ῥητορικός 修辞学的，演说的 304d3,
304e1

σαφής (adv. σαφῶς) 清楚的，明白的
262c3, 275a5, 281d2, 286a6, 292b1,

302b2, 306c9

σοφιστής 智者 258b2, 266d5, 284b7, 286b10, 291c3, 299b8, 303c4, 303c5

σοφός 智慧的 284e11, 290b2, 296e3, 299c6

σπέρμα 种子 272e3, 274d1

στάσις 帮派，纷争；静止 271e2, 306b10, 307c4, 308b4

στήμων 经线 281a12, 282c1, 282d7, 282e8, 282e12, 283a5, 283b2

στοιχεῖον 元素，要素，字母 277e6, 278b5, 278d1

συγγενής 同类的，同家族的，同属的 258a2, 258d5, 260e2, 280b3, 280b4, 298b1, 303d5, 303e1, 303e9, 306c5, 309c1

σύγγραμμα 文章，书籍 297d6, 299d7, 299e4, 300a1, 300a2, 300b6, 300c1, 301e3

συλλαβή 音节 277e7, 278b6, 278d5

σύνεσις 联合，理解，知识 259c8

συννοέω 理解，明白 270b3, 271b4, 280b2, 280b6

σχῆμα 形状，形态 259b9, 268c6, 269a5, 275c1, 277a6, 290d6, 291d6, 297e12

σχολή (adv. σχολῇ) 闲暇 263b1, 272b9, 295b4

σώζω 保全，拯救 284b1, 293c1, 293d9, 297a2, 297b2, 297d6, 298a3

σῶμα 身体，肉体 258e2, 259c7, 269d6, 269e1, 270e5, 270e7, 270e10, 273e10, 288d2, 288e1, 288e8, 288e9, 293b7, 294e2, 294e6, 301e2, 306c10, 306e5

σωφροσύνη 节制，清醒 306b3

τάξις 位置，岗位，布置，安排 269d7, 294c2, 294e2, 305c2

ταὐτός 同一的 258b9, 259a3, 259b7,

259d4, 260d11, 263a3, 263c10, 263d5, 267c3, 269b5, 269d5, 269e3, 271d4, 274a6, 276a3, 276e2, 278a2, 278a8, 278c1, 278c4, 278c8, 278d5, 278e8, 279c1, 284c4, 285a6, 287c10, 299a4, 300d6, 301b6, 308e4

τελευτάω 死亡，完成，结束 270e9, 271a8, 271b5, 273b3, 273d1, 298b1, 310d8

τελευτή 完成，实现，终了，死亡 267a5, 273a2, 280b6

τέχνη 技艺 257b4, 258d5, 258e10, 259a3, 259b4, 259e1, 259e3, 260c1, 260c3, 260c6, 260c8, 260e2, 264e1, 266e8, 267a6, 267b4, 267d7, 267e4, 274c7, 275c10, 276b3, 276c1, 276c7, 276e12, 278e10, 280a1, 280c9, 280d3, 280d5, 281a8, 281c3, 281d8, 281e4, 282a4, 282a8, 282b2, 282b7, 282e9, 282e14, 283a7, 284a5, 284d4, 284e4, 287d4, 288b6, 288d3, 288d4, 288e2, 289e2, 289e6, 290d2, 291c4, 292e6, 293a9, 293b5, 294b5, 294d7, 295e1, 295e8, 296b6, 296b8, 296c4, 297a2, 297a4, 297b1, 298c1, 299d6, 299e4, 299e5, 300c10, 300e5, 300e7, 301a1, 303d1, 305a5, 309b2, 310a3, 311c1

τιμή 尊荣，崇敬 257b3, 310e10

τόκος 生产，分娩，利息 267a2, 268a8

τόλμα 勇敢，鲁莽 310e1

τόπος 地方，地区 269a3, 271d4, 272e7

τροπή 回归，转变 270c1, 270c2, 270d4, 271b7, 271c5, 271c7

τρόπος 方式，生活方式，性情，风格 268b6, 271a3, 272b6, 275a4, 275a8, 276a2, 276e4, 282c2, 284b1, 284a3, 289d10, 291d9, 292c1, 294a6, 297a3,

专名索引

参 考 文 献

（仅限于文本、翻译与评注）

1. *Platon: Platonis Philosophi Quae Extant, Graece ad Editionem Henrici Stephani Accurate Expressa, cum Marsilii Ficini Interpretatione*, 12 Voll. Biponti (1781–1787).
2. F. Ast, *Platonis quae exstant opera, Graece et Laine*, 11 Bände. Lipsiae (1819–1832).
3. G. Stallbaum, *Platonis Politicus*. Londini (1841).
4. H. Cary, G. Burges, *The Works of Plato, a new and literal version, chiefly from the text of Stallbaum*, 6 vols. London (1848–1854).
5. H. Müller, *Platons Sämmtliche Werke*, 8 Bände. Leipzig (1850–1866).
6. F. W. Wagner, *Platons Staatsmann, Griechisch und Deutsch mit kritischen und erklärenden Anmerkungen*. Lepzig (1856).
7. F. Schleiermacher, *Platons Werke*, Zweiten Theiles Zweiter Band, Dritte Auflage. Berlin (1857).
8. J. Deuschle, *Platons Werke, Dritte Gruppe: Dialektische Gespräche, Der Staatsmann*. Stuttgart (1861).
9. R. B. Hirschigius, *Platonis Opera, ex recensione R. B. Hirschigii, Graece et Laine*, Volumen Primum. Parisiis, Editore Ambrosio Firmin Didot (1865).
10. L. Campbell, *The Sophistes and Politicus of Plato, with a Revised Text and English Notes*. Oxford (1867).
11. B. Jowett, *The Dialogues of Plato*, in Five Volumes, Third Edition. Oxford (1892).

12. J. Burnet, *Platonis Opera*, Tomus I. Oxford (1900).

13. O. Apelt, *Platon: Sämtliche Dialoge*, 7 Bände. Leipzig (1922–1923).

14. H. N. Fowler and W. R. M. Lamb, *Plato:The Statesman, Philebus, Ion*, Loeb Classical Library. London: (1925).

15. W. Andreae, *Platons Staatschriften, DritterTeil: Der Staatsmann*. Jena (1926).

16. *Platon:Sämtliche Werke*, in 3 Bänden. Verlag Lambert Schneider, Berlin (1940).

17. G. Budé/ M. Croiset, *Platon: Oeuvres complètes*, Tome IX–1. Texte établi et traduit par Auguste Diès. Paris (1950).

18. Hamilton and Huntington Cairns, *The Collected Dialogues of Plato*. Princeton (1961).

19. A. E. Taylor, *Plato: The Sophist and the Statesman*. New York: Thomas Nelson and Sons (1961).

20. J. Warrington, *Plato: Parmenides, Theaetetus, the Sophist, the Statesman*. London (1961).

21. J. Klein, *Plato's Trilogy: Theaetetus, the Sophist, and the Statesman*. The University of Chicago Press, Chicago and London (1977).

22. S. Benardete, *The Being of the Beautiful: Plato's Theaetetus, Sophist, and Statesman, Translated and with Commentary*. The University of Chicago Press (1984).

23. E. A. Duke, W. F. Hicken, W. S. M. Nicoll, D. B. Robinson et J. C. G. Strachan, *Platonis Opera. Tomus I*, Oxford (1995).

24. C. J. Rowe, *Plato: Statesman, edited with an Indroduction, Translation & Commentary*. Warminster (1995).

25. J. Annas, R. Waterfield, *Plato: Statesman*. Cambridge (1995).

26. J. M. Cooper, *Plato Complete Works, Edited, with Introduction and Notes, by John M. Cooper*. Indianapolis / Cambridge (1997).

27. J. B. Skemp, *Plato: The Statesman, A Translation of the Politicus of Plato*

with Introduction Essay and Commentary. Second Edition. Bristol Classical Press, London (2002).

28. M. Miller, *The Philosopher in Plato's Statesman.* Parmenides Publishing (2004).

29. D. A. White, *Myth, Metaphysics and Dialectic in Plato's Statesman.* Ashgate (2007).

30. F. Ricken, *Platon: Politikos, Übersetzung und Kommentar.* Vandenhoeck & Ruprecht, Göttingen (2008).

31. G. A. Seeck, *Platons Politikos: Ein kritischer Kommentar.* Verlag C. H. Beck München (2012).

32. G. Eigler, *Platon: Werke in acht Bänden, Griechisch und deutsch, Der griechische Text stammt aus der Sammlung Budé, Übersetzungen von Friedrich Schleiermacher und Hieronymus Müller.* Darmstadt: Wissenschaftliche Buchgesellschaft (7. Auflage 2016).

33. 柏拉图,《政治家》, 黄克剑译, 北京广播学院出版社, 1994 年。

34. 柏拉图,《政治家》, 原江译, 云南人民出版社, 2004 年。

35. 柏拉图,《政治家》, 洪涛译, 上海世纪出版集团, 2006 年。

译 后 记

就这里呈现的翻译，做以下说明。

译文完全取自商务印书馆出版的《希汉对照柏拉图全集》中的《政治家》一书。

原书中的注释一共640条，删除了绝大部分，仅保留了相关文史和义理方面的一些注释。

原书中的"术语索引"，在这里只保留了少量的核心术语。

溥林

2023 年 5 月

图书在版编目(CIP)数据

政治家/(古希腊)柏拉图著;溥林译. —北京:商务
印书馆,2023

(汉译世界学术名著丛书)

ISBN 978-7-100-22246-4

Ⅰ.①政… Ⅱ.①柏… ②溥… Ⅲ.①柏拉图(Platon
前 427-前 347)—哲学思想 Ⅳ.①B502.232

中国国家版本馆 CIP 数据核字(2023)第 056768 号

汉译世界学术名著丛书

政 治 家

〔古希腊〕柏拉图　著

溥林　译

商 务 印 书 馆 出 版
(北京王府井大街 36 号　邮政编码 100710)
商 务 印 书 馆 发 行
北京艺辉伊航图文有限公司印刷
ISBN 978-7-100-22246-4

2023 年 12 月第 1 版　　　　开本 850×1168　1/32
2023 年 12 月北京第 1 次印刷　　印张 4⅛
定价:29.00 元